# FRÉDÉRIC BILLOT.

# LES HIPPISCAPHES

(SUITE ET COMPLÉMENT DE LA RÉVOLUTION NAVALE.)

PARIS,

A LA LIBRAIRIE DE E. DENTU,

Galerie vitrée, Palais-Royal.

**1855.**

# LES

# HIPPISCAPHES

# FRÉDÉRIC BILLOT.

# LES HIPPISCAPHES

(SUITE ET COMPLÉMENT DE LA RÉVOLUTION NAVALE.)

PARIS,
IMPRIMERIE FRANÇAISE ET ITALIENNE DE H. CARION PÈRE,
20, RUE RICHER, 20.
1855.

# PRÉFACE

# PRÉFACE.



L'*Indépendance belge*, dans un article signé **Y**, du mois de mars 1855, disait : « Il me semble que l'Angleterre rendrait plus de services réels à l'alliance en se livrant tout entière à l'activité de son génie propre, en mettant en mouvement toutes ses véritables ressources. Qu'elle se consacre sans relâche, sans déviation, exclusivement, ardemment, avec sa ténacité et sa puissance éprouvées, *à l'augmentation de sa marine armée en transports.* Autant elle pourra transporter de soldats, autant la France en aura de prêts. Chacun alors sera bien dans son rôle. »

Celui qui a écrit ces lignes paraît connaître peu les choses de la mer; il perce ensuite dans son langage un désir de prépondérance maritime en faveur de l'Angleterre que nous sommes loin de partager avec lui. Nous pensons qu'au lieu de la conserver, l'Angleterre est sur le point , quoiqu'elle fasse, de la perdre.

La marine de l'Angleterre n'est pas mieux disposée que la nôtre pour les transports : c'est un fait malheureusement vrai. Si l'Angleterre, comme la France, ne changent pas bientôt de système, elles se ruineront, la guerre durant, là où l'on pourrait faire, avec d'immenses améliorations, d'incalculables économies. (v. note **F**, à la fin du volume).

L'inquiétude du gouvernement anglais,

à cet égard, s'est déjà manifestée dans beaucoup de circonstances. Nous en retrouvons une vive expression dans une dépêche électrique privée, datée de Londres du 17 mars 1855, où nous lisons ce qui suit : « Dans la séance du Parlement d'Angleterre d'hier soir, une conversation s'est engagée dans la Chambre des lords entre plusieurs membres *au sujet du meilleur mode d'embarquement des chevaux pour l'armée.* Lord Panmure, le duc de Cambridge et lord Lucan *ont défendu la méthode actuellement en usage;* lord Panmure a ajouté que chacun des bâtiments qui se trouvent aujourd'hui dans la mer Noire avait son emploi utile » (v. G de F. du 18 mars 1855).

Toutes les marines européennes sont aussi convenablement que possible disposées pour le transport des soldats ; mais elles sont loin d'être appropriées au transport du matériel proprement dit, et surtout du cheval. On ne comprend vraiment pas qu'un objet aussi important n'ait pas réveillé plus de sollicitude et procuré des améliorations si vivement senties aujourd'hui et si ardemment réclamées.

On le voit, par la dépêche ci-dessus, c'est *l'embarquement des chevaux* qui préoccupe l'Angleterre. Si, en France, on n'en parle pas, on n'en pense pas moins.

Comment n'en serait-il pas ainsi, en présence du mode actuellement en usage qui nuit autant à la célérité qu'à l'ensemble, à la sécurité qu'à l'économie ? Tout cela, cependant, est grave.

Libre au duc de Cambridge et autres, de se passionner pour le *mode actuellement en usage*. Nous n'en penserons pas de même, et nous croyons le moment venu d'indiquer au pays, par quels moyens faciles, sûrs et économiques, on peut faire ce que des dizaines de millions n'ont pas réalisé, et arriver à nous conserver ce que nous avons perdu faute de prévoyance.

Le transport des armées par les voies maritimes s'est cependant fait assez de fois, en Europe, depuis la conquête des Francs, pour qu'on ait pu juger les difficultés, les lenteurs, les embarras, et les dangers immenses d'une invasion d'outre-mer…

Nous apportons le moyen qui doit hâter la réalisation de ce progrès désiré. Il est simple dans son exécution ; nous ne le croyons pas moins décisif dans ses résultats. C'est le complément de notre travail sur les citadelles flottantes.

Nous sommes loin de supposer que notre invention soit le dernier mot ; mais si nous n'avons pas la présomption de croire que notre système, soit en tout parfait, nous osons espérer qu'il ouvrira les voies propres à atteindre toute la perfection recherchée par les hommes chargés de placer notre marine au rang supérieur qui lui appartient en Europe.

Le travail que nous livrons au public aurait pu avoir une étendue beaucoup plus considérable. Nous aurions pu, pour en accroître l'intérêt sous des rapports artistiques et littéraires, analyser, ici, les travaux considérables qui nous ont précédé, des Bouvet de Cressé (1), des La-

(1) V. *Hist. de la Marine de tous les peuples depuis la plus haute antiquité jusqu'à nos jours*, 2 volumes. Paris, 1824.

peyrouse-Bonfils (1), des Guérin (2), des Jal (3), des Amédée Gréhan (4) et autres, que nous avons dû parcourir pour juger des progrès de toutes les époques.

Mais le temps nous presse ; le siècle marche vite, et nous avons dû condenser notre travail et le réduire à sa plus simple expression technique.

(1) *Hist. de la Marine française,* Paris, Dentu, 1845; 3 vol.
(2) *Hist. de la Marine française,* Paris, 2 vol., 1844.
(3) *Archéologie navale,* 2 vol., A. Bertrand, édit.
(4) *La France maritime,* 4 vol., Paris, 1844.

Pour ceux qui aiment les broderies littéraires, ils n'en trouveront donc point
ici. L'invention que je donne à mon pays,
m'a paru pouvoir parfaitement s'en passer. D'ailleurs, on ne brode plus aujour-
d'hui; on se contente de coudre, sans toujours regarder la couleur du fil...

Arles-sur-Rhône, 8 avril 1855,

Frédéric BILLOT.

# INTRODUCTION

# I.

En juillet 1853, j'ai publié (1), à Bruxelles, une brochure ayant pour titre *Révolution navale.*

Dans ce travail, dirigé contre la prépondérance maritime anglaise, ne se révèle pas seulement un progrès, mais comme une

(1) Avec un de mes amis qui a voulu garder l'anonymie.

*chose jugée* la supériorité maritime de la France sur cette puissance rivale, je ne crains pas de le dire par anticipation.

Il était démontré, pour tous, depuis 1793, que dans la guerre des escadres, nous avions toujours ou presque toujours le dessous, tandis que dans les combats corps à corps il n'y a pas d'exemple, dans notre histoire maritime, où notre ennemi n'ait été contraint de baisser pavillon.

La preuve était acquise, n'en déplaise à notre orgueil national, que si, depuis le massacre de l'élite de notre marine à

Quibéron, nous étions supérieurs en audace et en courage, nous étions déplorablement inférieurs en manœuvres (1). Le pouvoir déchu, il faut lui rendre cette justice, l'avait, sous l'influence du prince de Joinville, particulièrement senti; et l'on sait tout ce qui été fait par lui dans un but de progrès (v. *Essai sur la marine Française*, Amyot, 1853), sous l'impulsion de l'amiral Lalande.

De là, la pensée du vaisseau-citadelle

(1) V. note A, aux pièces justificatives.

qui est le combat corps à corps par ex-
cellence, — la destruction de toute supériorité de manœuvre, — la production
des gros bataillons contre leurs semblables, si l'on veut, — le courage contre le
courage, —l'audace contre l'audace, — la
victoire sans ruse et sans habileté, mais
dévolue aux hommes de cœur et de pa-
triotisme : tel apparaît le vaisseau-citadelle à hélice.

## II.

On dira peut-être que mon opinion

sur le vaisseau-citadelle est aussi présomp-
tueuse qu'intéressée.

J'accepte, pour un instant, ce double
reproche ; et pour y répondre, quant à
présent, je me borne à rappeler que la
presse étrangère, comme la presse française, ont présenté le moyen nouveau de
combattre à la mer, comme devant produire une révolution dans les choses maritimes. J'ai sous la main la plupart des
feuilles publiques qui s'en sont occupés ;
mais je ne veux pas encore en tirer avantage. Quelques révélations doivent pré-

céder le récit des impressions de cette publication.

### III.

Lorsque ma brochure me parvint de Bruxelles, je m'empressai d'en adresser un exemplaire au chef de l'État en lui demandant la nomination d'une commission spéciale à l'effet d'examiner, non-seulement la portée de l'idée renfermée dans la *révolution navale*, mais encore l'exécution matérielle du vaisseau-citadelle.

A cette demande, je reçus la réponse qu'on va lire, portant en marge : cabinet de l'Empereur :

Palais des Tuileries, le 8 décembre, 1853.

« Monsieur,

« Je suis chargé de vous remercier de la brochure que vous avez adressée à S.M. l'Empereur. Elle témoigne de votre extrême désir d'accroître la puissance mari-

time de la France. Malheureusement,
plusieurs objections peuvent être dirigées
contre les moyens que vous proposez de
renforcer le bordage des vaisseaux. No-
tamment, en supposant les projectiles
arrêtés dans le sable compris entre les
deux bordages, l'explosion des projectiles creux deviendrait *peut-être* beaucoup plus dangereuse qu'elle ne l'est
actuellement.

« Agréez, Monsieur, l'assurance de
ma considération distinguée.

« L'officier d'ordonnance de l'empereur,

Signé FAVÉ. »

Cette lettre ne répondait pas à ma demande ; elle n'en rappelait même pas un seul mot; mais elle se livrait à une critique dubitative, renfermée dans le *peut-être* que j'ai souligné. L'officier d'ordonnance me paraît n'avoir pas lu ma brochure en entier, ou l'avoir mal comprise. Si les murailles du vaisseau-citadelle y sont représentées telles qu'il le rapporte pour un essai donné, je n'exclus ni le fer, ni le toit, ni rien de ce qui peut procurer des murailles impénétrables. Le vaisseau-citadelle, dans la description la plus large qui en est donnée dans ma brochure, représente un moyen décuple en force des navires de guerre connus. Pour le contester, il faudrait l'avoir expérimenté: ce que Monsieur l'officier d'ordonnance n'a pas fait. Tel qu'il est décrit, le vaisseau-citadelle peut braver dix vaisseaux de ligne ordinaires, sans craindre les accidents des boulets creux contre lesquels il est, au contraire, entièrement prémuni.

Ensuite, après avoir donné la description du vaisseau-citadelle, qu'on doit compter comme moyen de destruction des vaisseaux ordinaires, je vais plus loin et j'indique la présence du fer comme devant ajouter à la force de ses murailles comme à l'impénétrabilité de son couvert.

Je me hâte de le dire, je n'ai rien expérimenté moi-même, je n'ai calculé les résistances que d'après des données connues. Je n'ai ni canons, ni artillerie à ma disposition; toute espèce d'essai m'a donc été interdite. Si certaines proportions ont été ou inexactement indiquées, ou omises, cela ne trouble en rien l'idée générale et l'indication des moyens propres à la réaliser. C'est l'idée qui manquait et non les calculs ; c'est cette idée que j'ai produite et qui révolutionnera la marine du monde.

En effet, où a-t-on lu pour la première fois que les voiles et la mâture devaient disparaître comme embarras fatigant le navire, — que le vaisseau de ligne devait être rasé et réduit à une batterie, — que les bordages devaient être renforcés de manière à les rendre impénétrables aux plus forts projectiles connus, — que la construction devait être couverte pour être également à l'abri des bombes et des boulets, si ce n'est dans ma révolution navale ? Je le répète donc : l'idée est là avec tous les développements possibles ; l'art seul pouvait y apporter la perfection sans rien ajouter à l'idée.

Je conclus de là, que la lettre de M. Favé était un moyen poli pour se débarrasser de ma poursuite et d'éloigner mon esprit de toute tentation nouvelle. Je n'en crus pas moins devoir écrire de nouveau à l'Empereur lui-même ; et je lui adressai la lettre suivante, sous la date du 12 du même mois de décembre :

« Je respecte l'opinion de V. M. sur le danger des boulets creux qu'elle me signale, toutefois avec quelqu'hésitation, et qu'elle daignera me permettre de ne point partager.

« Les vaisseaux-citadelles sont, s'il est permis de le dire, de chair et d'os comme les autres navires, desquels ils ne diffèrent que par une force organique d'une incontestable supériorité.

« Je n'entends certes pas être juge souverain en cette matière. J'appelle au contraire, de toutes mes forces, toutes les lumières.

« C'est aussi pour cela que je prends la liberté d'insister auprès de V. M. pour la nomination d'une commission spéciale devant laquelle, j'ose le croire, j'établirai mathématiquement et pratiquement que cent boulets creux feront moins de mal au flanc d'un vaisseau-citadelle, qu'un quart de bordée de celui-ci au vaisseau de ligne.

« Sans appui, sans influence dans le monde officiel, je n'ai de refuge que dans l'initiative de **V. M.**

« Il me semble qu'il importe que ce qu'il y a de hautement vrai dans tout ceci soit, au plus tôt dégagé. Le doute appelle, de droit, l'expérience.

« Il ne sera pas dit que **V. M.** se trompera sur les vaisseaux-citadelles, comme son oncle illustre sur la vapeur. Une telle erreur, si je ne m'abuse, ne tarderait pas à être la cause d'irréparables regrets. »

Cette seconde lettre n'a pas changé les dispositions du pouvoir. Je n'ai rien fait depuis, pour les faire changer.

## IV.

Je passe à une autre phase de ma *révolution navale.*

Je ne me suis pas borné à écrire à l'Empereur ; j'en ai fait autant et dans les mêmes termes auprès de M. Théodore Ducos, ministre de la marine. J'ai été plus loin vis-à-vis de ce dernier ; j'ai chargé un mandataire à Paris de poursuivre cette affaire et d'en voir le fond.

Mon correspondant, au sortir d'une audience avec le chef du département de la marine m'écrivait, sous la date du 12 décembre 1853, avec le timbre de la poste :

« Mon cher ami, je sors de chez le ministre qui m'a parfaitement reçu. Il m'a avoué toute sa satisfaction dans les termes que je vais textuellement vous transcrire :

« *Je vous donne ma parole de ministre*

« *que je suis, en tous points, d'accord*

« avec vous ; et le gouvernement *sera re-*
« *connaissant* de ce que vous lui don-
« nez…. je vous assure que le gouverne-
« ment *ne vous oubliera pas* » — J'ai
voulu entrer dans des explications quant
au système. Il m'a répondu : « Non, vous
« me les donnerez plus tard. Quant à pré-
« sent, soyez convaincu que vous mettez
« un terme à mes recherches pour garan-
« tir nos côtes et nos forts. *Votre système*
« *est parfait !…* » —

La parole du ministre, *le système par-*
*fait*, la *reconnaissance* du gouvernement

paraissaient être sérieux. Il n'en a rien été ! Pendant plusieurs mois, le même correspondant a fait mille tentatives, mille démarches : aucune n'a pu aboutir.

## V.

J'attendais silencieusement, en présence de ces deux déceptions, la production de faits nouveaux, lorsque les expéditions de la Baltique et de la mer Noire s'ouvrirent.

Je me demandai alors comment les vaisseaux alliés viendraient à bout de Cronstadt et de Sévastopol... Cronstadt n'a point été pris ; Sévastopol est encore debout...

De graves pensées ont dû occuper l'esprit des hommes de mer. Ceux-ci ont compris que contre des points armés comme ceux que nous venons de nommer, les vaisseaux ordinaires sont à peu près insuffisants : le fort de la *Quarantaine* et le fort *Alexandre* l'ont suffisamment prouvé.

Au retour de l'amiral Napier, la presse a commencé à parler de constructions nouvelles mises en chantier dans les ports d'Angleterre, avec lesquels on pourrait arriver sous les murs de Cronstadt. Bientôt ces constructions, au nombre de trente-cinq, ont pris le nom de *chaloupes canonnières*. La France n'a pas tardé à en faire autant. Quatre de ces chaloupes sont poussées avec activité sur les chantiers du Mourillon. Plus de vingt autres se construisent ailleurs. Tâchons de savoir si ces constructions se rapprochent ou s'éloignent complétement des idées que j'ai émises dans mon travail de 1853.

Lorsque j'ai voulu savoir ce qui regardait les chaloupes canonnières en construction au Mourillon (Toulon), la personne à laquelle je m'étais adressé pour cela, m'a répondu, sous la date du 15 février 1855, en me transmettant la réponse de l'ami auquel elle s'était adressée elle-même pour cet objet. Cette réponse de seconde main est ainsi conçue :

« Les renseignements que vous m'a-

« vez demandés et que j'aurais été si heu-
« reux de vous fournir, m'ont été refusés
« à cause de l'état de guerre.

« Je regrette que ce refus, qui trouve
« sa justification dans des circonstances
« exceptionnelles, m'ait privé du moyen
« de vous être agréable. »

En demandant de tels renseignements,
je n'avais, certes, l'intention de commet-
tre aucune indiscrétion qui fût préjudicia-
ble à mon pays : je suis trop français pour
cela. J'ai donc dû attendre.

Vers le même temps, j'ai lu dans *l'Ar-moricain de Brest*, un article important dans lequel on parle d'une construction navale qui n'est plus appelée *chaloupe canonnière* ou *vaisseau-citadelle*, mais *batterie flottante* : je le répète, le nom ne fait rien à la chose. Voici donc ce que rapporte *l'Armoricain* :

« ... On examine avec terreur la *bat-* « *terie flottante* à hélice appelée la *Ton-* « *nante*, navire de la grandeur d'une « frégate, percé de trente sabords pour « pièces de gros calibre, et destiné à agir

3.

« au printemps prochain, à la reprise de
« la guerre dans la Baltique.

« On comprendra la puissance destruc-
« tive, irrésistible de cette *forteresse flot-*
« *tante* , quand on saura que malgré
« son chargement et sa pesanteur parti-
« culière, elle n'enfoncera dans l'eau qu'à
« 1 mètre 56 centimètres, c'est-à-dire
« qu'elle pourra agir à une distance de
« 25 mètres au plus des points à attaquer.
« La force des murailles en chêne de la
« *Tonnante* n'aurait pu suffire long-
« temps à la préserver, ni son équipage,
« de décharges à bout portant : on a ob-

« vié à cette difficulté *par un doublage en*
« *fer, épais de* 11 *à* 12 *centimètres, du*
« *corps du navire et du pont.* Les efforts
« de l'ennemi contre ces massifs de fer
« seront impuissants, et les flancs des
« bombardes au nombre de dix à douze,
« vomiront incessamment tous les mo-
« yens de destruction qu'a su imaginer la
« science. — C'est magnifique, mais
« c'est effrayant! »

Au sujet du port de Cherbourg, voici
ce qu'on lit dans un journal de Paris du
22 février 1855 : « On a commencé à re-

« couvrir à Cherbourg, vendredi der-

« nier, la batterie flottante la *Dévasta-*

« *tion,* de ses plaques de fonte. Le poids

« des plaques qui seront employées à cet

« usage, s'élève à environ 1,200,000 ki-

« logrammes. »

Dans le *Toulonnais* du 20 du même mois de février, on raconte ainsi ce qui se passe dans ce port et ce qui concerne l'ensemble des nouvelles machines de guerre dévastatrices :

« Les quatre canonnières à vapeur qui

« se trouvent en construction sur les

« chantiers du Mourillon, seront prêtes à
« prendre la mer dans un bref délai.

« Ces bâtiments seront munis d'une
« machine de la force de 150 chevaux
« environ.

« Dans les autres ports militaires de
« l'empire et dans quelques ports de
« commerce, on poursuit aussi très-acti-
« vement les travaux de constructions
« d'un certain nombre de bâtiments de
« même force ; de sorte que la France
« pourra, sous peu, disposer de 25 cha-

« loupes canonnières, dont 20 à vapeur et
« 5 à voiles.

« Voici la nomenclature des canonniè-
« res à vapeur :

« La Flèche, l'Alarme, la Fusée, la
« Mitraille, l'Étincelle, l'Éclair, la Gre-
« nade, la Flamme, la Dragonne, la
« Fulminante, l'Aigrette, l'Avalanche, la
« Tonnante, la Tempête, la Redoute,
« la Foudre, la Sainte-Barbe, l'Arque-
« buse, la Salve et la Lance.

« Les canonnières à voile se nomment :

« la Fournaise, la Torche, le Tocsin et la
« Bombe.

« Ces cinq bâtiments seront construits
« de manière à pouvoir, au besoin, rece-
« voir un appareil à vapeur de la force
« de 10 chevaux. »

Je crois qu'en voilà suffisamment, sans
me rendre coupable d'indiscrétion vis-à-
vis du gouvernement, pour établir que la
*batterie flottante*, que la *forteresse flottante* de *l'Armoricain*, — que les *chaloupes canonnières* du *Toulonnais* sont
prises dans ma révolution navale et non

ailleurs. On trouvera les murailles en chêne doublées de fer dans ma brochure (pages 78 et 108), le toit recouvert de fonte dont la résistance et l'épaisseur sont laissées aux ingénieurs ; on y trouvera en un mot toutes les idées appliquées aux constructions nouvelles : cela saute aux yeux.

Ce qu'on a mal compris, c'est le vaisseau-citadelle qu'on a confondu avec ce que j'appelle ausssi dans ma brochure *batterie flottante* ou *porte-canons*. Je maintiens que le vaisseau-citadelle pro-

prement dit et tel que la construction en
est indiquée, est, pour la guerre d'escadres, dix fois plus fort que la *Bretagne* de
130 canons dont on parlait naguère,
comme chef-d'œuvre de nos constructions
navales. Il est fait pour se battre contre
des vaisseaux et non contre des remparts,
quoiqu'il ait dix fois moins à craindre de
ceux-ci que les vaisseaux ordinaires. Mais
s'agit-il d'une forteresse maritime, c'est la
*batterie flottante*, c'est le *porte-canons*
que j'emploie, parce qu'il est par ses
flancs et par son toit inaccessible aux
boulets, parce qu'il doit offrir une résis-

tance proportionnée à l'attaque qu'il soutient, et il suffit qu'il résiste assez pour
faire taire le feu du fort maritime qu'il
bat en brèche. (v. note B à la fin du volume).

Ainsi donc, vaisseaux-citadelles pour
les escadres ennemies et batteries flottantes pour les points fixes qu'il s'agit de dé-
truire : il n'y a plus de confusion.

Je suis loin de vouloir dire que la batterie flottante ne sera pas employée contre des vaisseaux ennemis. C'est au contraire avec elle que nous devons marcher

à la prépondérance maritime qui ne sera, pour le globe entier, qu'une garantie de la liberté et de l'égalité de tous, pour faire de toutes les mers des mers libres et non des mers fermées à telle ou telle puissance.

Si j'ai relevé la différence que j'ai établie entre le vaisseau-citadelle et la batterie flottante, ce n'est que pour rappeler que j'ai eu l'une et l'autre en vue; que le premier est la transition qui porte naturellement à un développement plus robuste, réalisé dans notre nouvelle flotte

canonnière, et que cette double idée, per-
fectionnée par l'art et rendue plus complète
par des essais, n'avait cours nulle part
avant la publication de ma *révolution na-*
*vale* : vérité et justice pour tous !


## VI.


Ce qui m'a consolé et comblé de bon-
heur, ce qui a exalté mon sentiment tout
français, c'est de voir sortir le vaisseau-
citadelle des régions spéculatives pour le

voir entrer dans les faits; — c'est l'exécution de cette nouvelle machine de guerre qui va décider, non une question de prépondérance maritime, mais la liberté des mers, la liberté de tous en abaissant l'orgueil qui voudrait régner par une tyrannie éternelle; — c'est la haute affirmation d'une vérité qui doit, dès ce moment, préoccuper la saine politique de l'Europe et ouvrir des voies nouvelles à l'humanité!.....

Car, pour le dire prématurément, si le vaisseau-citadelle à vapeur est l'égalité dans l'action, il est par cela même un principe de pondération et d'équilibre. Il ne faudra plus avoir 50 colonies et 2,000 vaisseaux de guerre, le principe de fédération aidant, pour faire taire l'ambition liberticide d'un peuple oppresseur. Chaque peuple, marin ou non marin, aura son contingent maritime ; et tous, réunis contre un oppresseur quelconque, ils écraseront cette oppression quelque formidable qu'elle puisse être.

## VII.

Si le vaisseau-citadelle est beaucoup par lui-même, il n'est pas tout. Il a besoin d'un complément sans lequel il ne remplit que la moitié de son but.

C'est ce complément que nous offrons aujourd'hui à notre pays dans les *Hippiscaphes*.

Depuis longtemps nous avions été

frappé du nombre de navires nécessaires à une expédition maritime, de la confusion forcée naissant de ce nombre, des chances nombreuses de désastres qui pouvaient les atteindre et des frais énormes causés par l'expédition d'une armée de moins de 40,000 hommes.

L'expédition d'Orient a fait renaître toutes nos préoccupations; et nous nous sommes demandé s'il ne serait pas possible de rendre plus simple, beaucoup moins coûteuses, plus rapides et plus sûres la marche et l'exécution d'une expédition maritime.

Comment ne nous serions-nous pas sérieusement arrêté à cette pensée, en voyant 500 navires de commerce disposés à grands frais pour recevoir des hommes et des chevaux et tous les frais faits pour un voyage ou deux seulement et perdus pour l'avenir;—en voyant 500 navires et plus, abandonnés aux chances de la mer pendant un temps indéterminé, quand il faudrait arriver à heure fixe; ayant chacun à leur bord depuis 10 chevaux jusqu'à 30 ou 35, mal arrimés, se meurtrissant, se blessant, fatigués par les opérations d'embarquement, plus fatigués encore par la mer, crevant en route pour la plupart, arrivant abîmés, tourmentés pour être mis à terre, rencontrant, comme cela est arrivé en Crimée, des intempéries accablantes et amenant leur destruction presque totale; — en voyant ces 500 navires recevoir d'abord un nolis moyen de 600 francs par cheval, converti plus tard en un forfait de tant par jour de navigation, encore plus onéreux, ce qui (en supposant un chiffre bien réduit de 10,000 chevaux transportés) donne un nolis de plus de *six millions*, non compris *six millions* représentant la valeur des chevaux morts ; — en voyant toutes ces dispositions et appropriations de navires pour quelques jours et s'analysant encore par millions.

Le problème à résoudre était multiple ; il ne fallait pas seulement atteindre le bon marché, mais donner des conditions de bien-être et de sûreté inconnues jusqu'à ce jour. C'est ce que, nous osons le croire, l'*Hippiscaphe* vient réaliser. Voici les résultats qu'il procure :

Au lieu de 500 voiles pour transporter 30,000 hommes , *quinze* hippiscaphes suffisent pour 50,000 hommes et 10,000 chevaux , chaque hippiscaphe pouvant contenir de 1,000 à 1,200 chevaux ;

Le cheval entre et sort comme de son écurie de terre. Dans *moins* d'une heure mille chevaux peuvent être embarqués et débarqués, là où il faut un jour pour en hisser quarante dans un navire de commerce ;

Au lieu de *six millions* de nolis, par exemple, pour les transporter en Crimée, cela ne coûtera pas 500,000 francs.

Ensuite, l'hippiscaphe, débarrassé de sa cargaison, peut servir d'ambulance, d'hôpital, de caserne ; il est disposé pour être propre à tout. Il est toujours sous la main ; et de malheureux blessés ou malades n'ont pas besoin, pour être à l'abri, d'être soumis aux contrariétés de la mer, qui aggrave leur position si elle ne la rend pas tout à fait désespérée.....

Tels sont quelques-uns des principaux avantages de l'hippiscaphe, auxquels il faut ajouter celui d'arriver à jour à peu près fixe, et de diminuer encore par là les causes de souffrance et les grandes chances de mortalité.

Tel est l'ensemble de mon invention, sur laquelle j'appelle toutes les discussions possibles.

## VIII.

J'ai livré au public ma *révolution navale*; je ne pouvais pas garder, pour moi-même, un tel travail, ni l'exécuter pour mon compte.

Je me suis adressé au Gouvernement pour qu'il jugeât de son mérite et de son efficacité. Le Gouvernement, par le ministre de la marine, a d'abord exalté mes espérances, et puis il s'est tu..... Cependant il a mis à profit les idées de mon ami et les miennes ; il fait, sous les yeux de tous et, pour le dire trivialement, *à mon nez et à ma barbe*, des vaisseaux-citadelles. Je ne puis donc le tenir quitte...

Quoi qu'il en soit, je n'ai point été ral-

lenti dans mon ardeur à servir mon pays.
J'ai produit une invention nouvelle qui
complète la première et qui en est comme
l'accessoire obligé.....

Je ne prends aucune précaution pour
me garantir, dans ce cas nouveau, un pri-
vilége. De telles choses n'en réclament
aucun. Je ne suis d'ailleurs pas assez avide
pour assiéger la fortune que j'ai déjà laissée
passer plus d'une fois. J'ai moins encore
l'ambition des distinctions particulières
ou des positions officielles, si ardemment
recherchées à toutes les époques, et par-

ticulièrement à celle où nous vivons. Je n'ambitionne qu'une chose : la justice et la rémunération positive qu'elle accorde à des droits acquis.

Si mes idées ont quelque valeur, s'il est impossible d'équivoquer, il ne sera pas dit, au XIX⁰ siècle, qu'on se sera approprié des idées capitales et que leur obscur auteur sera dédaigneusement laissé à l'écart.

J'ai la ferme confiance que je n'aurai jamais à élever une telle plainte contre le gouvernement de mon pays.

Frédéric BILLOT.

Paris, le 15 avril 1855.

# CHAPITRE 1<sup>er</sup>

ÉTAT ACTUEL DE NOTRE MARINE RELATIVEMENT
AUX TRANSPORTS.

I.

Le XIX⁰ siècle, dans l'espace de 25 ans,
nous a offert le spectacle des deux plus grandes expéditions maritimes du monde : celle
d'Afrique en mai 1830; celle d'Orient qui n'est
pas encore achevée...... Et c'est la France
qui se montrait ainsi fièrement à l'Europe,

en 1830; comme elle s'offre audacieusement aujourd'hui à l'univers entier....

Loin de nous la pensée de nous livrer à des réflexions sur les résultats immenses produits par le fait de ces deux armements. Nous nous éloignerions de notre but, sans satisfaire entièrement notre désir : pour le premier, l'air manque dans l'atmosphère où nos sympathies voudraient nous jeter. — Quant au second, la parole est aux évènements.

Restons donc dans le domaine des appréciations matérielles qui doivent justifier nos vues innovatrices ; et marchons à notre but, dans un intérêt tout français , sans autre préoccupation que celle des résultats avantageux que nous espérons produire par le développement de nos moyens.

## II.

L'expédition d'Afrique a rendu nécessaire l'emploi de 453 navires de commerce pour le transport du matériel, de la cavalerie et des équipages d'artillerie. En effet, le *Moniteur* du 28 mai 1830, nous apprend que l'expédition se composait de 553 navires, parmi lesquels la marine militaire en comptait 103, également affectés au transport des troupes. — Ne dirait-on pas que nous en sommes encore à l'époque de Guillaume-le-Conquérant, où à celle de Jean de Vienne, *l'amiral de la mer*, (comme on disait alors), où l'on réunissait, pour l'invasion de l'Angleterre, jusqu'à 1387 vaisseaux (v. *Histoire maritime de la France*, par Guérin, t. 1er, p. 115).

De tels moyens de transport ont coûté à la France des sommes considérables que nous pourrions rappeler, ici, avec exactitude; nous le ferions, si la crainte de fatiguer nos lecteurs par des chiffres, ne nous exposait à des redites, à une espèce de double emploi avec ce que nous allons exposer de l'expédition de Crimée. Nous ne redisons que notre étonnement, qui date de loin déjà, comme l'on voit, en comptant plus de 500 voiles pour transporter au plus 37,000 hommes. Nous nous demandâmes alors comment un si grand nombre de navires, marchant dans la même direction, avec le même vent, pouvait, dans le cas d'un grain ou d'une tempête, naviguer sans d'immenses dangers d'abordages et de destruction. Quelles que soient l'habileté du marin, l'expérience du chef, il faut compter sur un temps constamment beau, c'est-à-dire sur un vent toujours favorable pour arriver. Le moindre ouragan, qui ne ferait rien à quelques navires marchant de conserve, peut causer la perte d'un convoi énorme de 500 voiles. On prend, sans doute, ses précautions; on ne lève l'ancre que dans la belle saison; on recherche le temps où les mauvaises chances sont le moins nombreuses. Mais est-on toujours maître de l'heure? L'expédition de Crimée nous répond le contraire.

A côté des craintes que les éléments inspirent, viennent se placer, non des dangers de destruction, mais des considérations économiques qui ont bien leur valeur. On se demande comment il est possible, au temps où nous vivons, qu'on soit obligé, pour une arméc de moins de 50,000 hommes d'employer plus de 500 voiles? Il faut reconnaître que la science des choses de la mer, qui a fait tant de progrès, n'en a réalisé aucun à cet égard. Nous sommes, sous ce rapport, moins avancés qu'on ne l'était au temps de Saint Louis, au rapport de M. Jules Lecomte (1). « Les » historiens de Venise, dit ce publiciste, men- » tionnent dès le xiii° siècle, des coques de » navires pouvant contenir 1,000 hommes. Il » faut la révélation de bâtiments pareils pour

(1) Venise, un coup d'œil littéraire, artistique et histo- ique sur les monuments de cette cité; p. 458, *l'arsenal.*

V. Jacques Cœur et Charles VII, par Pierre Clément, t. 1, p. 24.

» comprendre le traité que la République fit
» avec Saint-Louis pour le transporter, en
» Afrique, avec son armée; Louis IX avait
» *dix mille* fantassins et *quatre mille* chevaux;
» et le transport s'effectua avec QUINZE navi-
» res seulement. »

Si, au temps de Saint-Louis, quinze navires
suffisaient pour transporter *dix mille* fantassins et *quatre mille* chevaux, comment expliquer qu'il en ait fallu, pour notre expédition
d'Afrique, en 1830, 500 pour porter *trente-sept
mille* hommes et quelques milliers de chevaux?

Hâtons-nous d'observer que ce qui rend

nécessaire un si grand nombre de navires, ce ne sont pas les fantassins, mais les cavaliers montés. Ce qui exige le plus de place, c'est le cheval; et pourquoi cela? Parceque rien, dans nos constructions maritimes, n'est approprié au transport de cet animal.

On peut jeter un régiment entier sur une frégate, sur un vaisseau de ligne; on ne peut pas y loger un seul cheval. Il ne pourrait être placé que sur le dernier pont où les mouvements de la manœuvre rendraient cette position matériellement impossible.

Il faut donc recourir à des navires de com-

merce pour opérer les transports de la cavalerie. Ces navires n'ont aucune des appropriations qui puissent rendre commodes et
faciles de tels transports. Le navire de commerce a sa cale que l'on dispose, tant bien
que mal, pour cet objet. On y établit des ra-
teliers et des mangeoires provisoires qui sont
loin d'assurer la commodité de l'animal et de
le garantir des accidents d'une traversée tant
soit peu tourmentée. Si le navire embarque,
par exemple, par tribord, le cheval de babord
reste tendu sur sa longe qu'il tire de tout son
poids et souffre beaucoup dans cette position
anormale; et le cheval de tribord est jeté sur
son ratelier et sa mangeoire où il se blesse
en se tourmentant.

Ce n'est pas tout : car on pourrait rigoureusement arranger le navire de manière à ce que le cheval souffrît peu; cela coûterait davantage à établir; mais là encore n'est que la moindre des difficultés à vaincre. Ce qu'il y a de plus regrettable, c'est le petit nombre de chevaux qu'on peut placer sur un navire de commerce, soit de 150, de 200 ou de 300 tonneaux. En effet, sur un navire de 150 tonneaux, on ne peut, en moyenne, y établir que de 20 à 22 chevaux. Dans un navire de 200 tonneaux, de 25 à 30; et dans un navire de 300 à 400 tonneaux, de 35 à 40; c'est peu, très-peu pour le tonnage, la cale n'offre pas plus d'espace. La place nécessaire du cheval n'augmente pas dans la proportion du tonnage du navire. Il est tel navire de **300** tonneaux qui pourra contenir autant de chevaux qu'un navire de **400** tonneaux. La superficie intérieure affectée au logement de l'animal, dépend donc aussi beaucoup de la forme du navire et de l'économie de la construction.

Cela étant, il ne faut plus s'étonner du nombre de navires employés pour le transport des chevaux du train, de l'artillerie et de la cavalerie. Il doit être considérable pour transporter peu de chevaux.

La mesure que nous venons de donner

étant certaine, nous pouvons facilement nous rendre compte du nombre de navires nécessaires au transport de 1,000 à 10,000 chevaux. Ainsi, 500 navires de 150 tonneaux seraient nécessaires pour le transport de 10,000 chevaux; 400 navires de 200 tonneaux devraient être employés pour le même nombre de chevaux, etc, en suivant les calculs indiqués ci-dessus. — Il ne faut donc plus s'étonner s'il faut tant de navires pour transporter une simple division de cavalerie avec quelques équipages de train.

On ne comprend pas que depuis que la vapeur est venue donner un tel élan à nos constructions navales , en apportant dans le système tant de changements plus ou moins heureux, on n'ait pas songé à perfectionner les moyens de transport du mobilier-cheval. On peut jeter sur un navire des hommes , et des hommes qui s'arrangent comme ils peuvent; on les entasse, on les place et les déplace à volonté, c'est toujours bien ; mais le cheval exige plus d'attention et de soins; précieux par sa valeur, plus précieux encore par les services qu'il est appelé à rendre , il appelle une sollicitude particulière dont il n'a point été environné jusqu'à ce jour. Avant de nous expliquer sur ce point , nous devons mettre en relief un côté saillant de la question, en signalant les conséquences graves qui résultent de l'ignorance des véritables moyens qui doivent remplacer tout ce que le passé nous à appris à ce sujet.

# CHAPITRE II.

CONSÉQUENCES GRAVES.—RÉSULTATS DÉSASTREUX.

En rappelant l'expédition d'Alger, en **1830**, nous avons indiqué d'une manière générale, les frais qu'elle avait coûtés pour l'objet qui nous occupe. Cette façon d'expliquer les choses ne satisfait pas toutes les exigeances ; et nous éprouvons le besoin de nous rendre plus complet. Les renseignements que nous allons fournir seront reçus avec d'autant plus d'intérèt qu'ils se rapportent aux évènements du jour. Qui ne pourrait pas être curieux de connaître un des côtés les plus importants de l'immense lutte qui se livre, en ce moment, en Crimée? Cet intérèt sera d'autant plus excité que nous affirmons, avec le défi de nous contredire, que si nos hippiscaphes avaient existé, la bataille de l'Alma aurait eu des conséquences plus graves; une cavalerie nombreuse aurait été là, achevant ce que les zouaves avaient si bien commencé; l'armée de Mentschicoff aurait été détruite, et Sévastopol n'aurait pas opposé la résistance qui nous coûte tant de sacrifices et tant de sang...

A l'heure qu'il est (**31** janvier **1855**), nous avons expédié en Crimée, pour toutes espèces de service, en chevaux et mulets, plus de 10,000 têtes. Comme en **1830**, nous avons nolisé de nombreux navires et par plusieurs centaines; nous ne sommes pas sortis, pour ces transports, du vieux système. Sous ce rapport, les Anglais n'en savent pas plus que nous; ou, si l'on veut, ils sont peut-être encore plus arriérés que nous.

Si je me trompe sur le nombre des chevaux et mulets, c'est en moins; car en comptant les régiments de cavalerie embarqués et les batteries, on arrive à un chiffre supérieur. Restons-en au chiffre de 10,000 qui, du reste, ne fait rien à notre démonstration.

Nous reconnaissons que ces 10,000 (1) chevaux et mulets ont été transportés par 4 à 500 navires de commerce. Ce qu'il nous importe de savoir maintenant, c'est à quel prix.

Des renseignements précis que nous avons recueillis nous-mêmes aux lieux d'embarque-

(1) Au moment où nous imprimons cette brochure (avril 1855), ce nombre a plus que doublé ; les frais ont suivi la même proportion.

ment, il résulte que chaque cheval, parti de Marseille pour l'Orient, a coûté un nolis de 600 fr. par tête.

Ainsi un navire de 150 tonnes, portant 22 chevaux, a retiré un nolis de 13,200 francs. Ces 22 chevaux ne faisaient certainement pas la charge du navire ; mais celui-ci n'en pouvant contenir davantage devait, pour ce voyage de long-cours, élever son nolis au taux où il aurait été, si son chargement avait été de 150 fois mille kilogrammes. — On voit par là que, eu égard aux navires de commerce, le cheval est la matière la plus encombrante possible, puisque peu réalisent un chargement qui se traduise en un nolis considérable.

Si **22** chevaux ont donné lieu à un nolis de 13,200 francs, 10,000 chevaux transportés aux mêmes conditions, dans les mêmes parages, exigeront ou ont exigé un nolis minimum de *six millions* de francs. C'est une somme énorme pour transporter, en définitive, un poids qui est loin d'être en rapport avec le coût de la voiture.

Encore ces six millions ne représentent pas le chiffre entier des déboursés du trésor. On reconnaît, avec nous, que le cheval est mal

arrimé dans les bâtiments de commerce,
qu'il est peu garanti des tourmentes de la mer,
qu'il y souffre doublement de l'influence maritime, qu'il a été tourmenté par les procédés
employés pour le monter à bord, et qu'il l'est
encore davantage par ceux auxquels on recourt pour le verser sur une plage quelconque ; qu'il est mal soigné par des hommes
malades de la mer et qui appelleraient autant
de soins que lui ; qu'enfin si la traversée est longue, le cheval tombe dans le marasme, crève
ou arrive exténué avec des prédispositions à
une fin prochaine (1).

(1) Nous avons vu procéder à l'embarquement des chevaux dans nos ports du midi. Nous avons été témoin de

Tout ce que nous venons d'énumérer est dans la réalité des choses et s'est vérifié dans la campagne qui nous occupe. Un cinquième ou un quart à peu près des chevaux expédiés en Crimée sont crevés en route ou dans les

toutes les dépenses qu'on fait pour établir un plancher dans les navires, des râteliers et des mangeoires. Quelque soin qu'on prenne, on n'empêche pas que le cheval soit meurtri, blessé, et plus fatigué sur de petits navires qu'il ne le serait sur un hippiscaphe. — Nous pouvons encore poser un chiffre énorme de dépenses pour tous ces navires disposés en une écurie, pour ne faire qu'un ou deux voyages seulement. Cette dépense seule suffirait à la construction de 10 hippiscaphes.

huit jours de leur arrivée. Si l'on estime que chacun de ces chevaux a coûté, en moyenne, 700 fr. à l'État, on rencontre, dans cette perte calculée sur le cinquième, un nouveau déficit pour le trésor de 1,400,000 francs !

De tels résultats sont désastreux, il faut en convenir. On en éprouve, malgré soi, une souffrance morale qui agite et qui oppresse, non-seulement à cause du sacrifice inutile fait, mais encore à raison du but utilitaire manqué.

Si en présence de tels faits, on venait produire, avec une certitude mathématique, un moyen à l'aide duquel on pourrait, dans un seul navire, transporter à la fois mille chevaux; — si ceux-ci dans ce nouveau navire où ils seraient conduits comme un voyageur dans sa cabine, s'y trouvaient à peu près aussi bien que dans les logements de terre, avec certitude d'arriver comme ils seraient partis; — Si au lieu de six millions de nolis, ces dix mille chevaux ne coûtaient pas 300,000 francs de transport pour le même voyage; — Si au lieu de 1,400,000 fr. de pertes, il ne s'en réalisait pas pour mille écus; — Si au lieu de 500 vaisseaux de commerce, coûtant des sommes fabuleuses, on n'employait que 10 ou 15 des navires nouveaux, transportant

15,000 chevaux, 15,000 cavaliers avec 15,000 fantassins, placés sur le pont de chacun de ces navires : ne dirait-on pas qu'il y a folie à ne pas chercher à atteindre un tel résultat ?

Toutes ces améliorations générales et bien d'autres encore de détail comme d'ensemble seront réalisées dans le projet, nous le croyons du moins, que nous allons exposer dans le chapitre suivant.

# CHAPITRE III.

NOUVEAU SYSTÈME. DESCRIPTION.

L'hippiscaphe n'a ni mats, ni voile, ni machine pour sa locomotion ; il est essentielle-
ment destiné à être remorqué.


Il est ponté et armé de deux espèces d'é-
coutilles, les unes vitrées pour donner le jour
nécessaire en temps ordinaire, les autres en

bois comme dans toutes les constructions navales avec cette différence toutefois qu'elles
sont armées de tuyaux en tôle de la hauteur
de $1^m$, 50 cent., pour donner l'air nécessaire
au nombreux effectif-cheval dont nous parlerons bientôt. Ces tuyaux ou évents sont
indispensables pour le cas où le navire
embarque. Sans ces évents, la cargaison
étoufferait suivant la saison, et serait placée
dans l'obscurité qui déplait toujours à une
bête ; avec ces évents, quelle que soit l'inclinaison du navire dans un mauvais temps, jamais l'eau ne pénétrera sur le pont, dans la
cale, à moins de supposer que le navire soit
englouti, ce qui n'est pas plus possible pour
l'hippiscaphe que pour tout autre navire.

Ce n'est peut-être point encore le moment d'en parler; mais l'indication des doubles écoutilles et des évents rend nécessaire de le dire de suite, pour éviter à l'esprit la peine d'une première objection. On dira que ces évents seront insuffisants pour aérer un navire renfermant 1000 chevaux avec leurs cavaliers, et que les écoutilles restant, surtout en été, constamment ouvertes, c'est à peine si l'air se renouvellerait assez pour être dans des conditions convenables de salubrité. — Je réponds qu'il y a quelque chose de vrai dans cette objection, mais qu'elle est radicalement détruite par le moyen dont nous allons parler. L'hippiscaphe sera armé d'une paire de roues qui ne se meuvront d'elles-mêmes lorsque le navire sera en mouvement. Leur rotation sera en raison directe de la traction que le navire éprouvera. Le bras qui unira ces deux roues communiquera, par un engrenage, à un ventilateur, à plusieurs ventilateurs si l'on veut, qui procureront autant et plus d'air qu'il n'en faudra. Le mécanisme sera disposé de manière à ce que le ventilateur ou les ventilateurs soient arrêtés à volonté au moyen d'un échappement. Les roues continueront à tourner, mais sans effet sur les ventilateurs qui incommoderaient par leur jeu continu.

Il nous semble qu'il n'est pas possible de trouver un moteur plus économique et gênant moins la marche du navire. On comprend que pour agiter un ventilateur, il faut plus de force, et par conséquent peu de rayons et peu de surface aux palettes. Ces roues ne gêneront jamais d'une manière appréciable la marche du navire, et elles auront l'avantage de procurer un moteur sans machine, sans charbon, sans feu, sans mécanicien : c'est quelque chose, et nous ne doutons pas que toutes les objections se retirent devant un tel moyen.

Je donne à mon navire de transport le nom d'*Hippiscaphe*.

7

Ce navire peut avoir de 50 mètres jusques à 200 mètres de longueur. Quant à sa largeur et sa profondeur, elles sont les mêmes, quelle que soit la longueur du navire. Il serait cependant possible, il conviendrait même, sans toucher à la largeur, d'accroître la profondeur avec la longueur, en les mettant dans un rapport d'art et de force : mais cela ne trouble en rien le système, ainsi qu'on en jugera bientôt.

Le navire peut être à quille ou à fond plat. Je préfère cette dernière forme comme plus économique sans nuire à la solidité de la construction.

Je pourrais établir mes calculs sur un hippiscaphe de 50 mètres de longueur; mais comme ce n'est point cette longueur qui, selon moi, convient à la marine militaire, je prends de suite la plus grande, celle de 200 mètres. — Je répète qu'il pourrait n'avoir que 100 mètres de longueur avec la profondeur d'un vaisseau de ligne : sa conformité serait la même (v. note C.)

L'hippiscaphe impérial aura donc 200 mètres de long ; sa profondeur sera de 10 mètres. Sa largeur moyenne, prise sur 180 mètres seulement, en laissant les 10 mètres de rétrécissement forcé de bout en bout, c'est-à-dire à la proue et à la poupe pour la cambuse et le logement des officiers de bord, sera de 12 mètres. — J'observe que si je fais diminuer la longueur de moitié et doubler la profondeur du navire, sa capacité est la même; il n'y a que la distribution de changée. L'adoption de l'un ou de l'autre mode dépend du premier essai; l'expérience seule mène aux meilleurs résultats.

Nous venons de donner une idée de la charpente extérieure; arrivons maintenant à la distribution intérieure:

L'hippiscaphe, en le supposant seulement

de 10 mètres de profondeur, se compose intérieurement de trois galeries, non compris la cale qui offre la même division que les galeries supérieures.

La hauteur moyenne du cheval étant, du sabot à la partie la plus élevée de la tête, de 1 m. 60 centimètres, chaque galerie aura une hauteur de 1 m. 75 centimètres de hauteur, afin que le ratelier puisse être convenablement disposé ; 1 m. 75 centimètres multipliés par 4, nous donnent 7 mètres de hauteur. Nous avons dit que le navire aurait 10 mètres de profondeur, il nous reste donc 2 m. 50 centimètres pour l'épaisseur des

planchers des galeries, qui sont plus que suf-
fisants.

Si l'hippiscaphe a 200 mètres de longueur
et si nous laissons 10 mètres à l'avant et 10
mètres à l'arrière pour les logements du personnel du navire et les cambuses, il ne nous
reste plus que 180 mètres de côtés, qu'il faut
multiplier huit fois pour avoir la longueur générale de la place affectée au cheval, objet du
transport : ce qui donne une longueur totale
de 1440 mètres.

En donnant à chaque cheval 1$^m$,50 de largeur, par case, c'est tout ce qu'il faut pour

lui laisser les mouvements libres, pour se coucher comme pour se lever très-commodément. — Si nous divisons 1$^{m}$,50 par 1440, nous trouvons au quotient, le chiffre de 960 qui est celui des chevaux qui pourront être largement contenus dans cette écurie flottante, c'est-à-dire 120 chevaux par galerie. Nous observons que la cale peut être disposée pour recevoir facilement, suivant les besoins, 100 chevaux de plus, en doublant les rangs, c'est-à-dire en occupant entièrement le parquet.

Les galeries communiqueront entre elles d'une manière générale par le chemin de descente dont nous parlerons bientôt; et de plus, chaque galerie de tribord communiquera avec la galerie correspondante de babord par des ponts jetés d'une galerie à l'autre, qui serviront à la fois de voie rapide de communication et qui seront assez larges pour contenir les provisions nécessaires en foin, paille, avoine, orge et son pour une traversée de dix ou quinze jours et plus si l'on veut.

Chaque galerie sera à colonnes, et grillagée de manière à ne pouvoir donner lieu à aucun accident.

L'hippiscaphe ayant 12 mètres de largeur,

et la case de chaque cheval ayant 2$^m$,50 de profondeur, ce qui fait 5 mètres pour les deux galeries correspondantes, il reste 7 mètres qui peuvent être distribués ainsi qu'il suit : 2$^m$,5 de circulation autour de chaque galerie et 2 mètres vides ou restant à ciel ouvert. Ces proportions peuvent être modifiées sans apporter de notables changements à l'exécution : c'est affaire de goût. — Observons néanmoins, que chaque cheval ayant son cavalier, il faut, pour la circulation de 1000 hommes, de même que pour l'emplacement des harnais du cheval et du fourniment du cavalier, une place qui sera facilement trouvée dans la voie de circulation de 2$^m$,50 qu'on devra maintenir.

7.

Il est convenable de ne pas tarder plus longtemps à nous expliquer sur le mode d'introduction du cheval dans la case ou cabine. Cette introduction devient l'une des choses les plus simples et les plus faciles du monde. A chaque extrémité du navire, il est pratiqué deux ouvertures auxquelles aboutissent un plan incliné de 50 centimètres par mètre, et qui mènent à la première galerie. Des pentes pareilles sont établies dans chaque galerie pour arriver à la galerie inférieure. Le cheval les descend sans peine pour circuler ensuite librement dans la galerie où il doit être rangé. Nous avons sous les yeux, dans Arles, un pont à bateau, avec trébuchets à ses deux extrémités, qui offre une pente plus rapide dans les très-hautes et très-basses eaux du Rhône, que l'on monte où que l'on descend avec charrettes à cinq colliers sans difficulté. — Le plan incliné que nous indiquons est la voie la plus simple et la plus courte. L'ouverture sur le pont, de ce plan incliné ou chemin de descente, aura son tambour comme les descentes à escaliers pratiquées dans tous les navires, et pourra être fermée pendant le mauvais temps.

Le chemin étant fait, il ne reste plus qu'à introduire le cheval. Cette opération se fera de la manière suivante : le navire sera mis à

quai. Un pont volant à parapets joindra le navire à la terre ferme. Ce pont, de 2 à 3 mètres
de large, adhèrera au navire par une embrâ-
sure mobile pratiquée sur le flanc du navire,
dans une de ses bandes, à rez-de-tillac. Les
chevaux, sellés et bridés, conduits par leurs
cavaliers, monteront un à un et à la file, et
iront, sans s'arrêter, prendre place dans la
galerie et aux numéros qui leur seront dé-
signés. Tout se passera sans confusion et
avec rapidité; et mille chevaux seront embarqués tranquillement et dans une demi-
heure, là où l'on met une journée pour en
hisser 25 dans un navire après les avoir tourmentés de mille manières. — Ils pourront

en sortir tout équipés comme ils sont entrés, à cela près que si, au lieu de débarquer dans un port, ils doivent, en cas de guerre, être débarqués sur une plage, ils descendront sur un chalan ponté d'où ils redescendront pour toucher la plage : rien de plus facile.

Nous devons maintenant arriver à décrire l'aménagement particulier du cheval dans sa cabine.

Chaque case de cheval sera séparée de sa voisine par une forte toile à mi-ventre. Cette toile, bien tendue, aura plus de souplesse que le bois, procurera tous les avantages de la séparation et donnera plus de liberté aux mouvements du cheval sans l'offenser dans le tangage.

La mangeoire aura un fond en matière molle ou élastique, en caoutchouc par exemple, pour que les dents de l'animal ou ses lèvres ne soient point brisées ou déchirées dans un accident de mer survenant pendant qu'il prend sa nourriture.

Le poitrail de chaque cheval sera également garanti par une large lisière qui empêchera le cheval d'être lancé sur sa mangeoire et d'être blessé par elle.

Chaque plancher de cabine sera recouvert

d'une natte en sparterie qui remplacera la paille et servira de lit au cheval. Ces nattes seront assez épaisses et souples pour que le cheval y trouve un repos aussi propice au sommeil que celui qu'il rencontre dans les écuries à terre. — Il y a plus de la moitié du genre humain qui n'est pas aussi bien couché que cela.

C'est ici le moment de parler des sécrétions urinaires. — Mille chevaux, placés dans des conditions à boire plus qu'ils ne mangent, donneront une quantité considérable d'urine. Il faut éviter deux choses, l'odeur et l'humidité. On obtiendra ce double résultat :

1° en recouvrant de zinc tout l'espace qui sépare la cabine du cheval de la balustrade dont nous avons parlé; 2° en donnant une inclinaison à chaque galerie qui facilite l'écoulement rapide des urines dans un réservoir commun. Cette inclinaison ne doit point être sentie dans l'espace que le cheval occupe; elle doit être ménagée de manière à ce que, le navire étant tranquille, le cheval soit toujours d'aplomb.

Ces urines, arrivées dans le réservoir commun, seront jetées à la mer par une pompe mise en mouvement par les roues dont nous avons parlé. Une autre pompe aspirera l'eau salée pour la porter dans toutes les galeries et laver toutes les surfaces imprégnées d'u-rine. Il est impossible que, de cette manière, le personnel cavalier puisse souffrir de l'o-deur.

Occupons-nous maintenant de ce qui touche à l'alimentation.

On sait qu'un cheval mange, en moyenne, par jour, 4 kil. de foin, 4 kil. de paille et 4 kil. d'avoine. En mer, il ne mange pas tout cela; mais nous le supposons.

Si la traversée dure, par exemple, vingt

jours, il faudra, par cheval, vingt fois les quantités que nous venons d'énoncer, c'est-à-dire 80 kil. de foin, 80 kil. de paille, etc. — Pour mille chevaux, il faudra, pour le même espace de temps, 80,000 kil. de foin, autant de paille, autant d'avoine, en tout 240,000 kilogrammes. Ce poids n'est pas considérable; le navire, y compris le tonnage des chevaux et des cavaliers, ne sera vraiment pas embarrassé de 240 tonnes de matières encombrantes dont le volume peut être considérablement réduit au moyen des presses hydrauliques. Nous pourrions, sans être gêné, supposer le double, c'est-à-dire quarante jours de nourriture, sans que la cargaison eût à en souffrir. — Le foin, la paille et l'avoine seront placés sur les larges ponts jetés d'une galerie à l'autre ; on pourra, pour le même usage, utiliser une partie des $2_m,50$ laissés entre les cabines et les balustrades, sans embarrasser pour cela la circulation.

Il nous reste à parler de l'eau nécessaire à l'abreuvage. Il faut, à un cheval qui ne fatigue pas, dix litres d'eau pour le désaltérer. Il boit deux fois par jour, ce qui donne, par bête, vingt litres par jour. Pour mille chevaux il faudra donc 20,000 litres par jour ; et, pour vingt jours, 400,000 litres. Le litre d'eau pèse un kilogramme, ce qui donne un poids total de 400,000 kilogrammes. Ce poids n'est pas encore suffisant pour remplir le tonnage de notre navire.

Nous plaçons les caisses à eau sur le tillac, qu'elles occupent en grande partie (1). Elles

(1) Les caisses à eau peuvent aussi être placées à fond de cale, et leur poids servir de lest. Mais alors, il faudrait que l'eau fût élevée à l'aide de pompes qui la distribueraient dans les galeries. Il pourrait alors y avoir sur le pont des caisses contenant la provision de vingt-quatre heures de consommation et communiquant à chaque galerie par le système des robinets indiqués. Mais je préfère toutes les caisses sur le pont, distribuées comme je l'ai dit. La cale recevra un lest en sacs de son, d'orge, d'avoine et de foin pressé. Cette distribution a l'avantage d'être plus convenable et plus rapide pour tous les services.

forment un réservoir général qui communique avec chaque galerie par des robinets. Il y a un robinet par cabine. Chaque cabine a un seau pour son service ; on ne tire de l'eau que ce qu'on sait que l'animal peut à peu près en boire ; s'il en laisse, on l'emploie, dans le pansement, aux usages de propreté réglementaire pour le cheval, que l'eau salée pourrait incommoder.

Les caisses à eau sont recouvertes de nattes qu'on tient toujours humides au moyen d'eau de mer ; cette humidité conserve la fraîcheur. On pourrait, au besoin, faire un double couvert pour neutraliser l'effet de la chaleur de l'atmosphère ou de la gelée pendant l'hiver.

Il y a une observation importante à faire sur ces caisses à eau; elles doivent être séparées et ne pas former un seul réservoir pour babord et un seul réservoir pour tribord, car l'eau prenant sans cesse le niveau du navire, il arriverait, suivant les accidents de la mer, que, lorsque les caisses auraient du vide, l'eau roulerait tantôt sur l'avant, tantôt sur l'arrière et nuirait à la marche du bâtiment qui ne doit porter que des choses fixes. Il y aura donc des divisions nécessaires par galerie, tout en conservant le moyen, pour le besoin, de communiquer toutes entre elles.

Au sujet des caisses à eau, je tiens à prévenir une objection. On prétendra peut-être que ces caisses gêneront le pont, qu'elles créeront des inégalités choquantes, qu'elles ne laisseront pas assez de bandes au navire pour la sûreté de la circulation du pont, etc.

Je réponds : le pont présentera une surface totale d'environ 2,400 mètres carrés. Il faut en ôter l'espace occupé par les trois écoutilles et les tambours des portes de descente aux galeries, qui occuperont, je le suppose, une superficie d'environ 100 mètres carrés. Il restera une surface de plus de 2,000 mètres qui sera la grande caisse à eau avec des divisions intérieures appropriées aux galeries. Cette grande caisse couvrira à peu près entièrement le pont. Il suffit qu'elle ait 75 centimètres de profondeur pour contenir toute l'eau nécessaire et plus que nécessaire à une traversée de vingt jours. — Quant aux bandes par la profondeur que nous avons donnée au navire, après avoir prélevé la hauteur des galeries, l'épaisseur des parquets, il restera plus d'un mètre; c'est suffisant. Nous ne marchanderions pas pour 25 centimètres de plus.

Récapitulons le chargement du navire :

1°   1,000 chevaux à 500 kil. l'un, pèsent 500,000 k.

2° 400,000 litres d'eau à 1 kil. l'un,   —   400,000

3°   1,000 cavaliers 70 kil. l'un,   —   70,000

4° Le foin, la paille et l'avoine,   —   240,000

_________________

Total.   1,210,000 k.

Si nous ajoutons des vivres pour trois mois au lest du navire qui représente le tiers du tonnage, nous n'aurons pas encore une charge égale au tonnage de l'hippiscaphe qui jauge, d'après la formule (v. note D.), 6,128 tonneaux.

Je n'ai pas parlé de la place qu'occupe-

raient les cavaliers parce qu'elle est naturellement indiquée derrière la cabine, entre
celle-ci et la balustrade. Le cavalier couchera
ou dans un hamac, à l'arrière du cheval, ou
sur une natte dans l'emplacement que nous
avons indiqué tout à l'heure.

Je ne m'arrête point à prévoir et à discuter
des objections qui seraient relatives soit à la
longueur , soit à la profondeur, soit à la
solidité, soit aux difficultés de locomotion du
navire. Lorsque je serai en face d'hommes
spéciaux, rien ne tiendra sous ces aspects divers. Je ne me donnerai donc pas le plaisir
de réfutations faciles ; j'ai hâte de continuer

l'exposé de tout ce que renferme de sérieux et de fécond l'hippiscaphe exécuté sur le modèle que je viens d'esquisser rapidement.

# CHAPITRE IV.

## AVANTAGES DE L'HIPPISCAPHE.

L'hippiscaphe portant 1,000 chevaux remplace à lui seul *quarante navires de commerce* !....

Il n'est pas seulement substitué à quarante navires sous le rapport du nombre, mais il présente des économies tellement considérables et des conditions de bien-être et de sûreté tellement supérieures, qu'il est impossible de ne pas se rendre, sous ces divers rapports, à la plus complète évidence. Rappellons-le : le cheval tout équipé prend place dans le navire; il en sort de même; la place qu'il y occupe, les soins qu'il y reçoit garantissent une traversée toujours heureuse; la propreté qui l'environne le soutient et le fortifie contre les tourmentes de la mer; il n'a point été tourmenté à l'entrée, il ne le sera point à la sortie et son transport coûtera *trente fois moins* que par les voies employées jusqu'à ce jour!...

Ajoutez que pour transporter 10,000 hommes de cavalerie, 10,000 chevaux et 20,000 fantassins, il suffit de *dix* hippiscaphes et de *dix* vapeurs remorqueurs ; car ceux-ci, comme les hippiscaphes, peuvent porter 1000 hommes de troupes de ligne : en tout *vingt* navires pour ce que j'appellerai presque une armée ! — Que nous sommes loin des 500 voiles de 1830 et des 500 voiles de 1854 ! Quelle différence de sûreté pour la navigation, pour l'arrivée, pour le débarquement, pour la surprise de l'ennemi, pour le succès enfin ! Que d'encombrements évités, que de confusion détruite, que de causes funestes enlevées aux succès d'une entreprise maritime !...

Transportons-nous un instant en Crimée,

et supposons que le transport s'est effectué par des navires du nouveau modèle. Dix de ces navires, débarrassés de leur cargaison, amarrés au quai de Balaclava, seraient, en ce moment, propres à recevoir tous nos blessés, tous nos malades; — l'hippiscaphe peut, avec la plus grande facilité du monde, être converti en ambulance provisoire. — Il peut de même remplir le but d'une caserne; et, en ce moment, ne serait-on pas heureux d'avoir des abris tout faits pour héberger plus de 30,000 hommes qui n'ont pour lit que la terre et la neige qui la recouvre, et pour toit que des tentes légères qui ne garantissent pas de toutes les intempéries? A combien d'autres usages encore ne seraient-ils pas utiles pour des embarquements rapides, pour ces mille éventualités que les saisons comme les hasards de la guerre font surgir? Il nous semble que cela saute aux yeux.

Quittons la destination de l'hippiscaphe comme spécialement affecté à des expéditions maritimes, et voyons à quels usages on pourrait aussi l'appliquer dans notre colonie d'Afrique.

Nous n'avons pas besoin de rappeler ici ce qu'écrivait naguère *l'Akbar* sur les progrès

de notre colonie sous le rapport particulier
.de l'agriculture et de l'élève des bestiaux.
Les ressources de l'Algérie, cette seconde
France, seront, dans un avenir prochain, les
mamelles de la mère patrie. En 1847, comme
en 1853, nous avons éprouvé une disette de
grains et de bestiaux qui a failli devenir fatale au pays. Tout se prépare dans la France
du midi, dans cette magnifique et immense
conquête des Bourbons, pour mettre un
terme à toutes nos inquiétudes et à nos alar-
mes. Déjà l'Afrique française, non-seulement
se suffit à elle-même, mais encore peut nous
donner des excédants importants en céréales
et bestiaux pour la boucherie. D'année en

année ces résultats heureux vont s'accroître et rendre nécessaires une activité et des moyens plus grands pour les transports de tous les produits alimentaires.

Depuis longtemps on exporte d'Afrique en France, en particulier, des moutons. Dans le voyage que j'ai fait en mai et juin 1854 en Algérie, j'ai pu me rendre compte des difficultés qu'on éprouvait dans ces transports et des pertes qu'on éprouvait. Sur le vapeur à hélice *l'Atlas*, on avait placé 800 moutons dans la cale et dans un entre-pont où ces pauvres bêtes étaient tellement pressées que, dans moins de quelques heures, on fut obligé d'en jeter de 15 à 16 à la mer. Ces moutons étaient crevés de suffocation ou à la suite des opérations forcément brutales auxquelles on recourt pour les arrimer. Cette perte représenta de suite pour le propriétaire un chiffre de plus de 300 francs!...

Nous avons parlé des animaux; ne devons-nous pas nous intéresser tout d'abord à nos semblables? Chaque vapeur se rendant en Afrique porte un certain nombre de colons auxquels le passage est donné gratuitement. Chaque colon reçoit, après être arrivé sur le pont, une couverture en laine qui lui sert à la fois de matelas et de couverture. Avec cela il doit garder le tillac et le jour et la nuit, quelque temps qu'il fasse. Si la mer est mauvaise et que le navire embarque, les colons sont, s'ils sont tant soit peu nombreux (50 par exemple), mouillés; il en est de même si les lames se brisent et fouettent les flancs du navire. Parmi ces colons, il y a des enfants de tout âge; il est peu humain de ne donner qu'un tel refuge à des passagers même gratuits, on devrait les abriter plus convenablement. J'avoue, ainsi que j'ai pu le reconnaître moi-même sur le paquebot à aubes *le Nil,* qu'on ne le peut pas. La machine et les marchandises occupent la cale; les premières ne sont que pour ceux qui ont 95 francs à compter et les secondes de même. Ces moyens de transport ne sont pas faits pour un grand nombre de passagers. — Ce à quoi on pense le moins dans les choses d'ici bas, c'est ce qui garantit et protége le plus grand nombre. Un peu de charité, un peu de sentiment chrétien, un peu de droit commun ne feront jamais de mal : qu'on y pense donc !..

Si tant de besoins réclament des améliorations, ne les rencontrera-t-on pas dans l'hippiscaphe? Aura-t-on des troupeaux par milliers à transporter: le moyen que nous offrons les transportera tous, et ces troupeaux trouveront (ce qu'ils n'ont pas encore rencontré jusqu'à ce jour) soins, nourriture, breuvage et non-mortalité. Ils ne seront tourmentés ni pour entrer, ni pour sortir, et le coût de leur transport diminuera des trois quarts (1). Le consommateur profitera de cette réduction.

Aurez-vous du gros bétail ? Jusqu'à ce jour il a été peu facile d'en pratiquer le transport. Avec l'hippiscaphe, la bête à cornes entre et sort comme dans son écurie de terre.

Aurez-vous des chevaux dont notre cava-

(1) Je devrais dire des *neuf dixièmes*.

lcrie manque et dont l'Afrique offre la plus magnifique pépinière? Quoi de plus spacieux, de plus commode et de mieux disposé que ce ui est offert?

Et pour tous les transports à opérer sur cette côte africaine de deux cents lieues, quel moyen d'être plus rapide et plus nombreux? Oran, Alger, Bougie, Philippeville se donneront la main. Tout, sous le rapport civil et militaire, y parviendra avec la rapidité des voies de fer, et hâtera tous les développements en créant partout la même activité.

Quant aux rapports de l'Algérie avec la

France, il n'est pas nécessaire d'insister sur l'utilité du vaisseau-omnibus ; ses avantages se révèlent à tous les yeux.

Le dernier mot est loin d'avoir été dit sur la colonisation de l'Afrique. C'est un pays qui commence et qui a besoin de longues années pour se développer. La population arabe y est d'environ 5 millions ; la population euro-péenne n'y atteint pas encore le chiffre de 3 millions, et ce ne sont pas 10 millions d'Européens qui suffiront aux travaux à ouvrir dans les trois provinces. Il reste donc encore bien des mesures à prendre, bien des trans-ports à faire, et lorsque cela sera fait, le vais-

seau-omnibus quintuplera, décuplera d'impor
tance et de nécessité (1).

Nous avons donné la description d'un hippiscaphe pouvant contenir au-delà de 1,000
chevaux, cela est indispensable pour la marine militaire. Mais le même navire affecté au
service de la France, de l'Algérie et de la
côte d'Afrique, peut être réduit de moitié.
En cela, comme en toutes choses, on prend
le volume et la force réclamée par la nécessité des choses.

(1) V. note 1, à la fin du volume.

# CHAPITRE V.

QUESTION TRANSITOIRE.

Les règles reçues en économie politique n'admettent pas, en principe, que le gouvernement ou l'État, soit négociant, marchand ou banquier, quoiqu'il soit tout cela sous beaucoup de rapports. Pour le dire en passant, l'État vend le timbre, la poudre à tirer, le tabac, etc. Il s'est occupé assez activement naguère, des cités ouvrières, il rumine des lavoirs-bains ; il s'est occupé directement de la grande affaire des approvisionnements dans la disette de 1853. Il est assez facile de rencontrer son initiative dans beaucoup de cas, initiative qui ne se borne pas au conseil mais à l'exécution.

Passons.

Si le gouvernement doit donner l'exemple dans quelque chose, il nous semble que c'est dans celle qui nous occupe. Il ne doit donc pas se borner à conseiller, mais à faire. Il lui convient d'exécuter des hippiscaphes non-seulement pour le service de nos rapports avec l'Afrique, mais avec tout l'Orient. Avec le secours de ces moyens de transport, vont s'établir des relatious commerciales toutes nouvelles avec le Bosphore, la mer Noire et ailleurs. — La facilité de transporter des troupeaux ou du bétail de toute espèce et à bas prix, sera pour nous la cause d'avantages jusqu'alors inconnus.

Comme les premiers établissements sont coûteux et que le commerce en général nous mène rarement par des épreuves onéreuses, l'État doit faire les premières avances et agir pour lui, sans rejeter les occasions de servir les intérêts privés. Ceux-ci, frappés des succès obtenus, prendront à leur tour à tâche de créer des transports sur les mêmes modèles, et le commerce, se développant avec eux, fournira à l'État des moyens de lui être utile autrement qu'il ne peut l'être aujourd'hui avec des navires qui sont si loin de répondre aux besoins nés d'une situation politique grave et qui peut se reproduire.

L'État sera voiturier maritime : cela n'aura rien d'étonnant. Ne l'est-il pas pour le transport des dépêches ?

# CHAPITRE VI.

—

L'HIPPISCAPHE EST LE COMPLÉMENT DU
VAISSEAU-CITADELLE.

L'hippiscaphe est le complément du vaisseau-citadelle. Ils se servent l'un l'autre; le premier dans une expédition maritime, ne peut pas se passer du second. Le vaisseau-citadelle et l'hippiscaphe sont frères.


Le vaisseau-citadelle fait la brèche, l'hip-

piscaphe monte à l'assaut. L'un est la redoute
qui foudroie, l'autre le bataillon qui pénètre ;
l'un commence, l'autre achève.

Sans parler des vaisseaux de guerre an
ciens: ce qui serait une inutilité parfaite dans
une brochure où je cours, parce que j'ai hâte
d'arriver, je ne remonterai qu'à l'époque an-
térieure à l'emploi de la vapeur dans la marine militaire; ce qui nous reporte à 25 ans.

L'art maritime, alors comme aujourd'hui,
au système mixte près dont j'ai parlé ailleurs
( v. ma révolution navale ), n'a eu en vue que

la protection des forts et des côtes, de là les vaisseaux de haut-bord.

Aucune pensée ne s'est portée sur les moyens d'envahissement ; on a fait cependant ou tenté des débarquements à toutes les époques; il y en a peu ou point qui aient réussi d'une manière complète, si l'on en excepte notre invasion d'Afrique qui agissait contre une puissance dépourvue de marine.

Aussi, je ne crains pas de le dire, la confusion régnait à peu près partout, dans la marine militaire comme dans les transports fabuleusement nombreux pris dans la marine marchande, marchant sous ses ordres.

La pensée des gros bataillons appartient à notre époque. Le vaisseau-citadelle simplifie le vaisseau de ligne, il le domine, le subalternise et l'écrase comme le canon à la Paixhans étouffe la voix du canon de campagne et le pulvérise.

L'hippiscaphe fait disparaître la confusion du nombre et crée des conditions d'ensemble, de rapidité et de succès qui ne sont plus ailleurs.

Qu'il vienne à la France la nécessité d'une invasion maritime contre quelque puissance que ce soit, rien ne résistera à de tels moyens.

Et même aujourd'hui, veut-on prendre Sévastopol et Cronstadt? on n'en viendra à bout que de cette manière.

Veut-on sauver une armée en péril? jamais on n'en viendra à bout avec les moyens ordinaires. L'armée ennemie vous rejetterait cent fois à la mer avant que vous eussiez embarqué un régiment. Avez-vous au contraire, dans une bonne rade, dix ou vingt hippiscaphes? dans une heure, hommes et chevaux sont à à leur place et prêts à mettre à la voile sous la protection des canons de la flotte et plus particulièrement des vaisseaux-citadelles.

L'application de la vapeur à la navigation est venue fournir la solution de tous les problèmes maritimes. La France n'a plus qu'à vouloir pour devenir la première puissance de l'Europe comme puissance continentale et maritime : elle est appelée par son génie d'initiation et de liberté à dominer, sans rivale, dans l'Occident. Elle est chrétienne : donc, Dieu le veut !

# NOTES

# NOTE A.

Nous avons raison de dire que la décadence de notre marine date de notre période révolutionnaire. Pour s'en convaincre, il n'y a qu'à se rappeler les faits indiqués en partie dans le passage suivant que nous empruntons à l'histoire maritime de la France :

« Pendant que ces navigations s'accomplissaient, la révolution française marchait à pas de géant, et géant en effet, elle écrasait sous un pied formidable tout ce qui lui était obstacle. Si elle n'épargna pas Louis XVI et si elle le poussa à l'échafaud, le 21 janvier 1793, comment aurait-elle hésité à frapper quelques marins qui, malheureusement pour eux alors, à côté de l'illustration de leurs services, comptaient celle de leur naissance? En vain, d'Estaing et Kersaint donnèrent des gages à la République. La grande amirauté de France ayant été supprimée par un décret de la Convention, et trois charges d'amiraux ayant été créées à la place, d'Estaing avait eu une de celles-c et Kersaint avait été sur le point, vers le même temps, de devenir ministre de la marine; mais de

la faveur populaire qui les avait entourés un moment, l'un et l'autre tombèrent sous le fatal cou-
teau. Le vénérable Duchaffaut, plus qu'octogé-
naire et tout souffrant encore des suites de ses
blessures, expira dans les cachots. Lamotte-Pi-
quet, plus heureux, mourut assez paisiblement à
Brest, en 1791. La Touche-Tréville ne dut son salut
qu'au mouvement du 9 thermidor (27 juillet 1794).
Porté successivement aux grades de contre-amiral et de vice-amiral par la République, il signala,
en 1799, son commandement passager de la flotille
de Boulogne, en forçant par deux fois, Nelson à la
retraite ; il fit encore une brillante expédition à
Saint-Domingue, en 1801. Investi du commandement de l'armée navale à Toulon, en 1804, La Touche-Tréville épuisa les restes d'une santé dès long-

temps affaiblie, en remplissant avec une activité de jeune homme tous les devoirs de sa charge, et mourut, comme il le désirait, sur son bord, le 19 août de la même année. Kerguelen, après avoir fait casser le jugement qui l'avait frappé, occupa un moment d'importantes fonctions au ministère de la marine et fut nommé contre-amiral : mais il dut bientôt s'estimer trop heureux d'aller finir ses jours dans la retraite, et sans autres troubles que ceux qui naissaient de son esprit ambitieux, et préoccupé du désir de montrer que lui seul aurait pu sauver la marine française. Bougainville traversa sans trop d'encombre, grâce à ses qualités aimables, la période révolutionnaire; l'empire le fit sénateur, et il put jouir de sa gloire de navigateur, jusqu'à l'année 1811, époque de sa mort. La fatale

expédition de Quiberon, si indignement préparée et
conduite, puis abandonnée par l'Angleterre, coûta
la vie à une généreuse élite de marins émigrés qui
s'étaient signalés dans la guerre d'Amérique, en-
tr'autres à l'intrépide Kergariou Loëmaria. Quant
au dernier des grands amiraux de France, en titre
plutôt qu'en fait, qui précédèrent la révolution, il
était d'une nature si parfaite, qu'il trouva mille et
mille cœurs pour le défendre des atteintes sous lesquelles expirait sa famille ; le bon duc de Penthiè-
vre, nommé commandant de la garde nationale
d'Eu, puis maire de Bric, termina sa carrière de
bienfaits à Vernon, le 4 août 1793, sans que ce fût,
chose que l'on peut dire surprenante, par la main
du bourreau.

« Louis XVI, en tombant du trône, laissa à la

France des colonies et un commerce florissant. L'Angleterre, s'efforçant de conquérir, par sa tortueuse diplomatie, l'équivalent de ce que le sort des armes lui avait dernièrement fait perdre, avait su, il est vrai, obtenir du trop faible monarque des conditions extrêmement avantageuses à son négoce, sans rien donner de solide ni de réel en compensation. Néanmoins, le commerce français, s'animant à cette époque de l'esprit de lutte et de concurrence, avait atténué autant que possible les effets presque toujours ruineux d'arrangements commerciaux avec la Grande-Bretagne, et avait pris un essor inconnu depuis les beaux jours de Colbert. Plutôt que d'essayer de constituer une nouvelle compagnie des Indes, peut-être avait-on eu le tort de ne pas se décider à prendre ouvertement parti pour Typo-Saëb, lorsque bientôt la guerre avait recommencé entre les Anglais et lui; mais Louis XVI était dès lors en proie à tant d'embarras intérieurs, qu'il lui aurait été difficile, quand bien même il n'y eut pas été porté par son caractère, d'en accepter, encore une fois, d'extérieurs. On avait donc manqué la circonstance favorable pour saper par sa base le colosse que l'Angleterre se construisait sur la plus belle partie du continent asiatique; et de ce côté, malgré le régiment créé à Pondichéri, on continuait à être à la discrétion de l'ennemi pour le temps où éclaterait une nouvelle rupture. L'île de France donnait seule d'assez vives inquiétudes aux Anglais dans la mer des Indes, et ce n'était pas sans un secret sentiment de satisfaction qu'ils avaient vu de savants voyageurs, tels que Sonnerat, s'efforcer de détourner la métropole de la conservation d'une si importante possession, en la déclarant funeste à ses établissements dans l'Inde. Déjà comme pour être plus à portée, le cas échéant, de mettre la main sur l'île de France, ils avaient envoyé, en 1784, un détachement de troupes, occuper l'île de Diégo-Garcias, et ce n'était que sur de vives réclamations qu'ils avaient consenti à évacuer cette dernière position. Des forces imposantes d'ailleurs, surtout depuis l'institution des régiments coloniaux, en 1771, et le bon esprit de la population, garantissaient à tout événement, l'île de France contre les ambitieuses jalousies de l'Angleterre. L'île Bourbon, qui plus récemment, en 1784, avait vu aussi un régiment colonial se former pour sa défense.

quoique n'étant pas au même degré l'objet des convoitises de l'étranger, n'était pas non plus sans lui porter quelque ombrage, à cause de sa prospérité toujours croissante ; on la considérait comme la mère nourrice de l'île de France, du gouvernement général de laquelle elle n'avait pas cessé de dépendre. S'il est vrai que, d'une part ces deux établissements coûtassent, dans ce temps, à la métropole cinq à six millions par an de frais de garde, d'administration et de défense locale ; d'autre part, ils réservaient son avenir et assuraient sa navigation et son commerce dans l'une des plus riches mers du globe. La domination française dans l'Afrique occidentale s'étendait sur un territoire d'environ deux cent cinquante lieues, sans y comprendre les caps, les baies et les diverses sinuosités de la côte. Elle avait, d'un côté pour bornes, le cap Blanc, placé au 20ᵉ degré 30 minutes de latitude septentrionale ; de l'autre, la rivière de Sierra Léone, dont l'embouchure est placée au 7ᵉ degré et demi de la même latitude. L'île de Saint-Louis et celle de Gorée étaient toujours les deux principaux établissements des Français sur cette côte ; on en avait augmenté le système de défense, particulièrement celui de Gorée. Sur ce dernier point, le fort Saint-Michel, reconstruit avec intelligence, et présentant 140 canons, ne pouvait plus guère être pris, pensait-on, que par suite d'une famine. Les différents postes ou comptoirs que la France possédait sur la côte occidentale d'Afrique, depuis Arguin et Portandie jusqu'à Albreda, étaient pourvus de défenses suffisantes contre les indigènes, et contribuaient à assurer le commerce des gommes que l'on faisait, comme aujourd'hui, avec ces contrées, ainsi que la traite des nègres dont le siècle actuel dégage enfin l'humanité trop longtemps souillée par un si abominable trafic. Sur la côte nord d'Afrique, dans la Méditerrannée, des concessions qui remontaient au seizième siècle, et qui avaient reçu en 1694 le titre de concessions d'Afrique, donnaient aux Français, et spécialement à une association formée dès le principe à Marseille sous le nom de compagnie d'Afrique, la facilité de pratiquer la pêche du corail, de faire le commerce des blés, de la cire, de la laine et des cuirs, par les ports de la Calle, Bousse et Collo, et assuraient à la France, dans la régence d'Alger, une préférence marquée sur les autres nations chrétiennes. Par suite, un mouvement maritime considérable, bien moindre toutefois que celui qui devait résulter plus tard de la conquête même de l'Algérie, se faisait à Marseille, qui avait enlevé à Livourne l'exploitation des ouvrages en corail.

« Le traité de 1783 ayant fait recouvrer à la France plusieurs avantages pour ses pêcheries, bientôt elle s'était vue en mesure de rivaliser, sous ce rapport, avec les autres puissances qui fréquentaient les parages de Terre-Neuve ; des mesures avaient été prises pour exciter par tous les moyens, l'émulation en faveur de ces lointaines pêcheries, dont Colbert avait si bien senti l'importance, non-seulement comme question commerciale , mais plus encore comme question militaire, car depuis qu'on les exploite, elles ont toujours formé la plus riche pépinière de matelots. Dans l'Amérique du sud, la Guyane-France, grâce à l'administration éclairée de Malouet, était enfin en voie de progrès. Aux Antilles, la population esclave avait augmenté en moins de dix ans, de manière à ne pas laisser de doute sur la prospérité vraiment extraordinaire à laquelle les îles françaises s'étaient élevées ; sur plusieurs points elle avait plus que doublé, de l'année 1779 à l'année 1788. Pour la seule île de Saint-Domingue, le nombre des esclaves avait été porté, dans ce laps de temps, de 249,000 à 405,000 ; la population blanche, au contraire, avait baissé ; on ne comptait que 50 et quelques 1,000 blancs environ dans toutes les Antilles françaises ; la partie de Saint-Domingue dépendant de la France n'en renfermait que 23 à 24,000. Cette immense disproportion, qui faisait la fortune du maître en temps de calme, devait faire sa ruine et sa mort, si jamais une lutte ouverte survenait entre lui et ses esclaves. C'était un véritable royaume que l'île de Saint-Domingue à cette époque, même à ne la considérer que dans sa partie française. Les villes et les bourgs s'y étaient élevés comme par enchantement, on n'y voyait pas moins de quarante paroisses. La ville du Port-au-Prince, quoique datant à peine encore d'un demi-siècle, grâce à son heureuse situation au fond du grand golfe occidental de l'île, avait détrôné le cap français en qualité de capitale. Le gouvernement des colonies était partagé, sous le règne de Louis XVI: l'administration militaire se composait d'un gouverneur, ordinairement général des armées de terre ou officier supérieur de la marine, ayant sous ses ordres les commandants particuliers et majors de place, le régiment attaché à la colonie, les officiers de port ; les officiers du corps étaient substitués aux ingénieurs des colonies et les milices de l'île. L'administration civile se composait d'un intendant, d'ordonnateurs, de commissaires des colonies et employés inférieurs d'un conseil supérieur et d'une amirauté. La partie française de Saint-Domingue, en raison de son étendue et de son importance, avait deux conseils supérieurs, celui de Port-au-Prince, celui du Cap et plusieurs amirautés ; elle comptait aussi plusieurs commandants particuliers et deux régiments coloniaux. La Martinique, la Guadeloupe, Sainte-Lucie, Tabago,

avaient chacune leur gouvernement particulier,
quoique le gouverneur de la première de ces îles
conservât le titre de commandant général des îles
du Vent ; la Martinique et la Guadeloupe avaient
seules d'ailleurs des conseils supérieurs organisés,
des amirautés et des régiments coloniaux. La Martinique comptait alors cinq postes importants ,
le fort Saint-Pierre, le fort Royal, le fort de la
Trinité, le fort Morigot et le fort du Mouillage. La
ville de Saint-Pierre, qui avait pris des développements assez considérables et qui comptait 1,800
maisons, était regardée comme la capitale de l'île
et servait de résidence au gouverneur général et au
conseil supérieur de la colonie. La Guadeloupe pré-
sentait depuis 1760 environ, un port nouveau pro-
fond et sûr aux vaisseaux européens, c'était celui de

la pointe à Pître, à l'une des extrémités de la Grande-
Terre, auprès duquel une ville avait surgi floris-
sante presque dès son origine; cette ville destinée
à une si épouvantable catastrophe, était devenue le
centre du commerce de l'île. Pour soutenir les colonies et l'éclat maritime de la France, le gouvernement de Louis XVI laissait à ses successeurs
soixante vaisseaux de ligne bien entretenus, autant
de frégates ou corvettes, un grand nombre de bâtiments inférieurs, des officiers du plus haut mérite, forts de leur expérience et sûrs de leurs équipages. Aussi la France était-elle respectée sur toutes les mers et dans toutes les parties du globe.
L'Angleterre se souvenait de l'indépendance des
États-Unis, elle en gardait rancune à la France ;
mais elle savait que vouloir s'en venger alors, c'eût

été courir à des pertes plus grandes encore; elle se souvenait, mais elle n'ôsait point agir au grand jour contre ceux qui, tout récemment encore, l'avaient détrônée de son élément.

(Guérin, *Hist. Marit. France.* T. II, p. 564 et suiv.)

## NOTE B.


Voici comment M. G. Kéry fait, dans son numéro de la *Patrie* du mois de mars 1855, la description d'une batterie flottante, qui justifie d'une manière complète tout ce que nous en avons dit :


« Qu'on se figure une frégate presque sans bas-ingages, sans gaillard-d'avant, sans dunette, à murailles droites, tronquée horizontalement à quelques pieds au-dessous de la ligne de flottaison, on aura une idée à peu près exacte d'une batterie flottante. C'est un bâtiment plat, sans quille, d'environ 50 mètres de longueur, large à proportion, haut sur l'eau de l'élévation d'une batterie, calant au plus 2m50, apte par conséquent à être mouillée au pied d'une forteresse.

« Pourvue d'une légère mâture (1) et d'une hé-

(1) La mâture, ainsi qu'on s'en convaincra par l'expérience, n'est pas seulement une inutilité, mais un embarras. — Et puis, ce qui manque à la batterie flottante, c'est un dôme ou toit en fer, sans laquelle la batterie découverte serait trop rapidement décimée. On y viendra.

lice, la batterie flottante navigue à la voile et à la vapeur. Ce n'est point un navire de marche ; sa machine est faible, suffisante toutefois pour lui faire traverser l'océan sous la surveillance et la protection d'une escadre ; une fois au feu, elle n'a plus à manœuvrer ; au besoin, un remorqueur l'y conduit, un remorqueur l'en retire. A la mer, elle a un équipage insignifiant ; ce n'est qu'à l'heure du combat que les vaisseaux lui desservent le nombre d'hommes qui complète son armement.

« La destination des batteries flottantes est spécialement d'aller canonner, jusqu'à démolition, les forts bâtis le long d'une côte ou à l'entrée d'une rade. Grâces à elles, les combats d'artillerie de marine d'une part, et d'artillerie de terre de l'au-

tre, ne seront plus désormais la lutte d'une muraille de bois contre une muraille de granit, mais
la lutte des murailles de pierre contre les murailles
de fer. »

## NOTE C.

Note sur la longueur, la largeur et la hauteur
des principaux vaisseaux de guerre actuels.

| Rang. | Vaisseaux. | Longueur. | Largeur. | Hauteur |
|---|---|---|---|---|
| 1er rang | 120 canons | 74 mètr. | 18 mètr. | 17 mètr. |
| 2e id. | 70 id. | 70 id. | 17 id. | 15 id. |
| 3e id. | 66 id. | 66 id. | 16 id. | 15 id. |
| 4e id. | 61 id. | 61 id. | 15 id. | 13 id. |

## Frégates.

1er rang    60 canons 60 mètr. 15 mètr.    11 mètr.

2e id.    56 id.    58 id.    14 id.    11 id.

3e id.    46 id.    50 id.    13 id.    10 id.

———

# NOTE D.

Formule ministérielle pour le jaugeage d'un navire :

Ajouter la longueur du pont, prise de tête en tête de l'étrave à l'étambot ; déduire la moitié du produit, multiplier le reste par la plus grande largeur du navire ou maître-ban, multiplier encore le produit par la hauteur de la cale et de l'entrepont et diviser par 3-80.

Si le bâtiment n'a qu'un pont, prendre la plus grande longueur du bâtiment, multiplier par la plus grande largeur et le produit par la plus grande hauteur et diviser par 3,80.


Exemple : Jaugeage d'un navire à 2 ponts.

| | |
|---|---:|
| Longueur du pont prise de tête en tête | 30 20 |
| Longueur de l'étrave à l'étambot | 25 98 |
| | 56 18 |
| La moitié est de | 28 09 |
| A multiplier par la plus grande largeur | 8 12 |
| | 5,618 . |
| | 2,809 |
| | 22,472 |
| A multiplier par la hauteur | 228,0908 |

De  la cale et de l'entrepont        5,20

45,618,150

11,404,540

1186,072,160

qui, divisés par 3,80, donnent  312 tonn. 12/100 c.

En suivant cette formule, l'hippiscaphe de 200

mètres de longueur. jauge 6,128 tonneaux.

## NOTE E.

On lit dans *la Gazette universelle allemande*, sous la rubrique *de la Baltique*, 6 *février* 1855 :

« On travaille avec beaucoup d'activité à la cons-
« tructionet à l'armement de chaloupes canonniè-
« res dans les forteresses de Sweaborg, Kronstadt,
« Helsingfors et Kalsborg; la flottille des chaloupes
« russes doit être augmentée. Elle comptait déjà
« 250 chaloupes en automne dernier, et ce nombre

« va être porté à 350 par les constructions nou-
« velles. Elles sont armées chacune de un canon
« de 68 et de quatre de 32. La partie qui plonge
« dans l'eau est revêtue de fer... » Puis on ajoute
que la flotte russe proprement dite de la Baltique
se compose de 30 vaisseaux de ligne, de 9 frégates,
de 8 bricks et de 10 vapeurs.

Malgré le nombre considérable des chaloupes
canonnières russes et leur revêtement de fer *pour
la partie qui plonge dans l'eau*, nous doutons de
leur force de résistance et de leur succès contre
les batteries flottantes et les porte-canons français.
La flottille russe nous paraît ressembler beaucoup
à celle de Napoléon I<sup>er</sup> à Boulogne ; c'est un épou-
vantail qui s'évanouira à la première lutte si elle

a lieu. La Russie n'a eu ni le temps de faire, ni les
données pour bien faire, et par ce côté encore on
peut signaler une infériorité à la gloire de nos
batteries flottantes, qui seront supérieures dans la
Baltique, à Sweaborg et à Kronstadt, comme dans
toutes les mers du monde...

## NOTE F.

Pour se rendre compte d'une manière exacte des frais de transport, il faut savoir ce que le cheval-vapeur brûle de charbon à l'heure et ce que coûte celui-ci.

A cet égard, on distingue les machines à haute

pression des machines à basse pression. Les premières brûlent en moyenne, 5 kilogrammes de charbon par heure et par force de cheval, et les secondes en moyenne, 7 kilogrammes.

Dans les machines à haute pression à détente et condensation, il arrive que la combustion n'est portée qu'à 2 kil. 1/2 par heure et par force de cheval ; tandis que dans les machines à basse pression, où la vapeur est moins tendue et les frottements plus considérables, la combustion est plus forte.

Supposons que l'État emploiera toujours le plus économique et le meilleur système de locomotion, et prenons une moyenne de 6 kilogrammes par heure, d'un charbon coûtant de 2 à 3 francs les 100 kil. et que nous coterons à 2 fr. 50 les 100 kilogrammes.

Admettons que chaque remorqueur sera armé d'une machine à vapeur de la force de 500 chevaux et comptons : si le cheval-vapeur brûle 6 kil. à l'heure, il en consommera 144 kil. dans vingt-quatre heures et 500 chevaux en brûleront, dans le même temps, 72,000 kil. Si la navigation dure dix jours, c'est-à-dire dix fois vingt-quatre heures, nous aurons une dépense en kilogrammes de 720,000 et en argent, à 2 fr. 50 le kil. de 18,020 francs.

Voilà toute notre dépense pendant dix jours pour un remorqueur à vapeur : *dix-huit mille vingt fr.*

Si, maintenant, nous supposons quinze remorqueurs portant avec leurs remorques 50,000 hommes, 10,000 chevaux avec tous leurs parcs d'artillerie, nous aurons pour un voyage de dix jours, une dépense totale de 270,300 francs.

Pour les mêmes transports, aujourd'hui, on a dépensé plus de DIX MILLIONS !!!

Et le capital cheval a été presque complètement perdu. Il a fallu dépenser dix autres millions pour le renouveler.

Le nolis et les pertes ont coûté au-delà de 30

millions, là où avec moins de 500,000 fr. on aurait tout transporté, et à peu de chose près, tout conservé.

## NOTE G.


La presse anglaise parle avec enthousiasme
d'un navire à hélice, l'*Himalaya*, qui est disposé à
ce qu'il paraît, pour recevoir environ 400 chevaux
(v. *Standard* de mars 1855.)


Je n'ai jamais vu l'*Himalaya*, je ne connais donc
pas son aménagement : mais ce dont je suis sûr,

c'est qu'il n'offre pas plus d'avantages pour l'embarquement et le débarquement, que les navires ordinaires de commerce. S'il en était autrement, cela se serait dit et nous n'aurions pas manqué d'imiter cette *merveille,* comme les anglais imitent aujourd'hui nos batteries flottantes.

Ensuite l'*Hymalaya*, qui est le *nec plus ultrà* des perfectionnements anglais, ne porte que 400 chevaux dans un navire tourmenté par une machine. Le transport est, à ce qu'il paraît, à double fin ; il peut transporter et guerroyer en même temps. Ce double rôle fait manquer une partie du but. Le transport doit, selon nous, avoir son affectation spéciale sans confusion, sans rôle mixte. Le moindre de nos *hippiscaphes* portera 600 chevaux, sans bruit; ce chiffre pourra  être élevé à 1,500 dans l'*hippiscaphe impérial*, sans qu'il soit nécessaire de crier *merveille !* tant la chose est simple et tombe sous le sens.

## NOTE H.

Nous devons faire remarquer une chose qui frappera tous les yeux, c'est la construction simultanée en France et en Angleterre, des batteries flottantes ou chaloupes canonnières sur les mêmes plans, les mêmes dessins, avec les mêmes proportions, les mêmes moyens de résistance. C'est à ce point, qu'on croirait qne les deux amirautés se sont communiqué leurs plans : jamais, en un point d'art, entente cordiale plus complète.

De cette circonstance, qui ne manque pas d'une certaine importance, que faut-il conclure à l'endroit de l'inventeur ? Sont-ce les Anglais qui ont inventé, ou les Français ? Si, les Anglais, je doute qu'ils nous aient communiqué leur secret. Si, les Français, ceux-ci ne cachent rien, et il n'est pas surprenant qu'ils aient permis qu'n vînt les copier.

Et depuis quand fait-on en France et copie-t-on en Angleterre ? Depuis que ma *Révolution navale* a paru ; depuis que la presse de l'Europe a dit que l'idée renfermée dans ma brochure *révolutionne-rait la marine du monde...*

Et cette idée n'a point été récompensée. Les hip-piscaphes le seront-ils? Faudra-t-il dire avec le poète latin : *sic vos non vobis?...* — Attendons...

Un publiciste illustre, M. de Lourdoueix, à l'occasion de l'Exposition universelle de Paris, a publié, sur la nécessité d'un congrès de l'industrie, deux articles qui renferment des vues aussi larges que profondes. Par plus d'un côté, ils se rattachent à la partie économique de notre sujet; et c'est une véritable bonne fortune pour notre livre que de les rapporter dans leur entier : car ce serait les dénaturer que de leur faire subir la moindre mutilation :

*Opportunité d'un Congrès de l'industrie.*

« . . . . . . l'Exposition universelle qui va réunir dans quelques mois à Paris, les merveilles créées par le génie et le travail de tous les peuples du globe, fait apparaître déjà sur l'horizon intellectuel de la France une grande et belle idée qui ne peut manquer d'éclairer l'avenir.

« Cette idée est celle d'un lien commun, d'un cercle embrassant dans son immensité l'universalité

des hommes qui se consacrent à produire, à façon-
ner et à transformer la matière, pour la faire servir aux usages de cette vie terrestre en vertu de ce
commandement des premiers jours : « Cultivez la
« terre et vous l'assujettissez. »

« L'homme ne peut assujettir la terre qu'à l'aide
des forces par lesquelles Dieu a formé le monde et
le gouverne. La matière est inerte et immobile par
elle-même : elle n'est mue que par des principes
invisibles réglés dans leur action par des lois im-
muables. Ces principes et ces lois qui régissent le
monde physique sont les objets des découvertes et
des connaissances de l'homme. Ces connaissances
composent les sciences, comme les applications in-
telligentes que nous faisons de ces lois composent

les arts. Les sciences et les arts sont donc englobés dans la sphère de l'industrie. Cette sphère, évidemment, comprend toute l'activité productive de l'humanité; car le génie du savant qui produit ces puissantes machines, objet de l'admiration du monde, descend dans les adroites mains de l'ouvrier; l'un dompte la matière et l'autre la manie, tous deux la transforment : ce même génie se trouve également dans ces têtes organisatrices et administratives qui préparent et dirigent ces travaux de la science de l'art et en réalisent les produits.

« Nous trouvons donc dans l'industrie les caractères de l'universalité qui sont la diversité dans l'unité.

• Quelle diversité, en effet, dans le monde des travailleurs! Et d'abord, que de branches, que de rameaux présente cet arbre dont les fruits vont être exposés à nos regards! Ensuite, que de peuples divers par leur origine, par leurs croyances religieuses, par leur langue, par leurs mœurs, par leurs institutions, par leurs lois politiques, se trouvent confondus en quelque sorte dans cette grande catégorie d'industriels! Et en même temps, quelle force de cohésion existe entre eux, puisque, malgré cette variété de races et de nations, malgré cette bigarrure de costumes qu'ils vont offrir à nos regards, ils entretiennent entre eux, d'un hémisphère à l'autre, des rapports innombrables, empreints de cordialité et de bienveillance!

« Ces rapports ne sont-ils pas de perpétuels contrats fondés sur une mutuelle estime, exécutés
presque toujours avec bonne foi? Un engagement
pris à Kanton ou à Bombey n'est-il pas accepté
comme une valeur certaine à San-Francisco ou à
Montréal, après avoir passé par cent mains qui
toutes y ont joint une garantie nouvelle donnée de
confiance à des débiteurs inconnus! Et n'est-ce pas
pour faciliter l'exécution de ces contrats que toutes les mers sont sillonnées par des navires; que la
terre voit s'ouvrir dans son sein ces tranchées par
lesquelles les hommes établissent si laborieuse-
ment et si violemment le niveau et la ligne droite
à travers les innombrables aspérités de la planète?
Toute la richesse des nations n'est-elle pas engagée
dans ces travaux ayant pour but la locomotion de

ces produits qui sèment partout sur leur passage l'abondance, le bien-être et la vie?

« Comment donc ne pas voir dans l'industrie un intérêt commun à tous les habitants de la terre? Un intérêt qui les associe, qui les unit, les rend solidaires, les porte à désirer partout la paix, la justice, l'ordre, la prospérité? N'est-ce pas là cette grande unité du genre humain que tant d'esprits ont cherchée les uns dans la monarchie, les autres dans la république universelle? comme si l'uniformité et l'unité n'étaient pas deux idées distinctes!

« Les formes de société appartiennent à la diversité; elles se rapportent au but commun, qui est l'ordre et le bien-être des peuples; mais elles sont déterminées par la variété des nations, par les circonstances territoriales, religieuses, traditionnelles qui les constituent. Sans doute il y a là, comme dans toutes les choses humaines, un mieux relatif et un bien absolu; il y a une vérité logique résultant des principes éternels qui fait qu'une forme politique est non-seulement meilleure qu'une autre, mais serait seule absolument bonne, parce que seule elle concilierait la liberté et l'autorité, ces deux grands principes de l'existence sociale à laquelle l'homme a été destiné, principes très-certainement conciliés dans la sagesse divine. Ce n'est pas nous qui affaiblirons cette foi dans la vérité politique et dans la possibilité de sa réalisation sur toute la terre. Mais ce qu'il faut bien comprendre, c'est que toutes les nations seraient régies par la même forme politique, qu'elles ne cesseraient pas pour cela d'exister comme fractions séparées de la grande famille humaine, parce que ces fractions sont attachées à un territoire et que de chaque situation territoriale naît un intérêt différent, pouvant concourir à l'intérêt général des nations, mais très-différent d'un autre intérêt national. Nous ajouterons même que ce fractionnement de la race humaine en sociétés politiques est nécessaire à la grande nnité industrielle. Car ces rapports commerciaux qui embrassent le globe, sont partout fondés sur le crédit, qui lui-même est fondé sur l'ordre, sur le respect du droit, de la justice, de l'équité, de la propriété légalement acquise et transmise. Il faut donc, sur tous les points du globe où circule la vie industrielle, des magistrats, une force publique, des agens constitués en autorité, qui surveillent et protégent la circulation des richesses et la loyauté des transactions; il faut partout un gouvernement qui dirige ces agens et ne soit pas placé trop loin d'eux.

« Mais, encore une fois, cette multiplicité de gouvernements et de nations serait-elle soumise à la même forme politique qu'il n'en résulterait pas un intérêt unique pour eux tous. Ce n'est donc pas la politique qui peut produire l'unité du genre humain; cette puissance a été donnée à l'industrie, et déjà on peut voir que ce n'est pas seulement une théorie : c'est une réalité qui va être rendue sensible pour nous dans quelques mois.

«Maintenant nous demandons si l'intérêt commun, l'intérêt universel qui produit cette grande unité du genre humain, ne doit pas se manifester d'une manière plus utile encore que par l'exhibition des merveilles qu'il a créées ?

«Quel inconvénient verrait-on à ce que toutes les notabilités industrielles, qui vont se trouver ensemble dans cette capitale de la civilisation, se réunissent dans un congrès pour délibérer sur les moyens de perfectionner leurs rapports et leurs transactions, et pour formuler des vœux qui, sans doute, pèseraient d'un grand poids dans la balance des conseils des législateurs et des gouvernans ?

« Il y a des congrès scientifiques, des congrès agri-

coles ; pourquoi n'y aurait-il pas un congrès indus-
triel ?

Qui peut contester les avantages obtenus par ces
réunions d'hommes compétents, mettant en commun les lumières de leurs études et de leur expérience ? Est-ce que les congrès agricoles particulièrement n'ont pas amené des progrès réels dans
la culture des terres et favorisé, par conséquent,
l'alimentation des peuples ? L'industrie n'a-t-elle
pas aussi ses questions encore indécises, sur lesquelles il y aurait utilité pour les gouvernements
à connaître l'opinion des intéressés ?

Les questions de transit, d'entrepôts, n'auraient-
elles rien à gagner à une discussion ? Les législa-
tions sur les lettres de change, les tarifs des che-

mins de fer, ne devraient-ils pas être soumis aux mêmes principes dans tout l'univers? Qui sait si l'unité monétaire ne résulterait pas un jour ou l'autre des vœux d'un congrès de commerçans?

«Comment énumérer tous les points sur lesquels pourraient porter les délibérations de ce congrès où siégeraient ces grandes capacités industrielles qui se sont élevées par l'intelligence et par la pratique des affaires?

«En prenant l'initiative de cette réunion, la *Gazette de France* obéit à cet esprit de progrès dans l'orre qui l'a toujours animée, et au désir de voir la solennité sans pareille à laquelle nous allons assister produire pour le bien de l'humanité tous les avantages qu'on peut en attendre, quand c'est en France qu'elle se tient.»

Un homme de mes amis, qui a la plus grande expérience des choses de la mer, me disait, après avoir lu mon manuscrit, que s'il était démontré, par mon nouveau système de navire, que les mille chevaux d'un hippiscaphe pouvaient être embarqués sellés et bridés et débarqués dans le même

13..

temps à quai, il n'en serait pas de même si le débarquement devait avoir lieu sur une plage. En d'autres termes, dix hippiscaphes, portant ensemble 10,000 chevaux, seront sur le quai d'un port quelconque, chargés dans une heure et débarqués dans le même temps au même lieu ou ailleurs pourvu que l'hippiscaphe *aborde un quai*. Mais si l'hippiscaphe est obligé de débarquer à 100, 200, 500 mètres ou plus du rivage, les inconvénients du débarquement seront aussi grands que dans le système ancien.

J'ai déjà répondu à cette objection. Je vais, par quelques explications nouvelles, rendre cette réponse décisive : on admet qu'en débarquant à quai, le débarquement se fait aussi vite que l'embarquement. Or, les choses sont disposées ou doivent l'être, de manière à ce qu'il y ait toujours, pour l'hippiscaphe, l'équivalent d'un quai ; cet équivalent est un *quai flottant*, de la longueur de l'hippiscaphe, sur lequel les chevaux descendront. Ce *quai flottant* pourra s'approcher de la côte jusqu'à l'échoûment, et de là, verser son poids à terre au moyen d'un tablier disposé pour cela : rien n'est plus simple. Le débarquement aura ainsi lieu aussi vite que l'embarquement.

Comment sera disposé ce quai flottant ? On peut le varier de cent manières dans la construction. Ce sera comme un radeau avec une certaine élévation. L'art achèvera la perfection.

## NOTE K.


J'aurais pu rendre ma réponse à l'objection rapportée sous la lettre J, plus complète, en indiquant que mon *quai-flottant* serait armé de deux ponts volants dont l'un le mettrait en communication avec l'hippiscaphe et l'autre avec la plage; mais ce sont là des objets d'une simplicité qui n'a pas besoin d'être exposée. Cela rentre dans des détails qu'on peut rendre plus nombreux ou rétrécir sans préjudice pour l'idée principale.

J'ai hâte de répondre à une dernière objection- on m'a dit que j'aurais mieux fait d'adopter un sys: tème mixte, c'est-à-dire d'armer l'hippiscaphe d'une machine qui lui permît de se suffire à lui-même, sans emprunter ses moyens de locomotion à un agent étranger.

Je réponds que ceux qui m'ont émis cette opinion, n'ont point une idée complète de ce que souffre le cheval en mer et de l'intérêt qu'il y a à le faire arriver dans le meilleur état possible. Le mouvement d'une machine, même à hélice, tourmente le navire et les êtres vivants qu'il porte. J'ai oulu éviter jusqu'à ces causes de perturbation. L'hippiscaphe, remorqué, glissera tranquille, sans autre agitation que celle d'une mer plus ou moins houleuse.

Un cheval, qui a fait seulement cent kilomètres sur un chemin de fer, a besoin de huit jours de repos pour le remettre de l'émotion qu'il a soufferte; s'il est, pendant dix ou quinze jours, agité par la mer et secoué par les ébranlements de la machine, il sera brisé et ne pourra fournir son service entier qu'après un délai souvent fatal, surtout quand on se rend compte du but de son transport. Qu'auraient fait à l'*Alma* où à *Inkermann* des chevaux débarqués de la veille ?...

Ensuite, comme ensemble de transport, l'hippiscaphe remorqué et son remorqueur procurent des
résultats qui ne seraient point atteints sans cela.

Redisons donc que les hippiscaphes sont le complément obligé d'une armée navale quelconque. —
L'hippiscaphe sera l'omnibus des mers; ce sera le
chemin établi pour l'échange de tous les produits
du monde.

# TABLE.

## TABLE DES MATIÈRES.



13...

Imprimerie de H. Carion père, rue Richer, 20.